U0274524

全球金融与投资
佳 | 作 | 精 | 选

WRITING A BUSINESS PLAN

HOW TO WIN BACKING
TO START UP OR GROW YOUR BUSINESS
（2nd Edition）

商业计划书
撰写指南

（第2版）

[英] 沃恩·埃文斯　著
（Vaughan Evans）

刘怡◎译

清华大学出版社
北 京

北京市版权局著作权合同登记号   图字：01-2020-5557

Authorized translation from the English language edition, entitled WRITING A BUSINESS PLAN: HOW TO WIN BACKING TO START UP OR GROW YOUR BUSINESS, 2nd Edition, 978-1-292-08514-2 by VAUGHAN EVANS, published by Financial Times, publishing as Pearson Education, Inc, copyright © 2016 Pearson Education, Inc.

All Rights Reserved. No part of this book may be reproduced or transmitted in any form or by any means, electronic or mechanical, including photocopying, recording or by any information storage retrieval system, without permission from Pearson Education Limited. CHINESE SIMPLIFIED language edition published by **TSINGHUA UNIVERSITY PRESS LIMITED**, Copyright © 2021.
本书中文简体翻译版由培生教育出版集团授权给清华大学出版社出版发行。未经许可，不得以任何方式复制或传播本书的任何部分。

本书封面贴有 Pearson Education(培生教育出版集团) 激光防伪标签，无标签者不得销售。
版权所有，侵权必究。举报：010-62782989，beiqinquan@tup.tsinghua.edu.cn。

图书在版编目(CIP)数据

商业计划书撰写指南：第 2 版 / [英] 沃恩·埃文斯 (Vaughan Evans) 著；刘怡译 . —北京：清华大学出版社，2021.10
（全球金融与投资佳作精选）
书名原文：Writing a Business Plan：How to win backing to start up or grow your business, 2nd Edition
ISBN 978-7-302-58540-4

Ⅰ.①商…　Ⅱ.①沃…②刘…　Ⅲ.①商业计划－文书－写作－指南　Ⅳ.① F712.1-62

中国版本图书馆 CIP 数据核字 (2021) 第 132305 号

责任编辑：刘　洋
封面设计：徐　超
版式设计：方加青
责任校对：宋玉莲
责任印制：丛怀宇

出版发行：清华大学出版社
　　　　　网　　　址：http://www.tup.com.cn，http://www.wqbook.com
　　　　　地　　　址：北京清华大学学研大厦 A 座　　　　邮　　编：100084
　　　　　社 总 机：010-62770175　　　　　　　　　　邮　　购：010-62786544
　　　　　投稿与读者服务：010-62776969，c-service@tup.tsinghua.edu.cn
　　　　　质 量 反 馈：010-62772015，zhiliang@tup.tsinghua.edu.cn
印 装 者：三河市东方印刷有限公司
经　　销：全国新华书店
开　　本：170mm×240mm　　　印　　张：17.25　　　字　　数：261 千字
版　　次：2021 年 12 月第 1 版　　　印　　次：2021 年 12 月第 1 次印刷
定　　价：99.00 元

产品编号：088865-01

内 容 简 介

本书以简明扼要的方式教我们撰写投资人真正想看的商业计划书。书中分析了初创企业和成熟企业面临的具体挑战，介绍了如何使用关键绩效指标和里程碑来推销计划和执行计划；最后的附录列出了可供选择的资金来源，并用一份完整的商业计划书作为示例。

作者沃恩·埃文斯是一位在融资商业计划书撰写和评估方面有多年经验的资深从业者。他通过自己丰富的经验，为读者提供真实可信、实用易操作的建议。

无论你想寻求财务支持还是董事会的批准，本书都将提供你需要的知识。它帮你聚焦目标，收集必要的证据，消除投资人的所有顾虑，根据投资人的需求制订一份连贯、一致和令人信服的计划，赢得企业成功所需的支持。

本书是所有管理人员和创业人士的宝贵资源。

作者简介

30 年来，沃恩·埃文斯（Vaughan Evans）一直为金融家们出谋划策，同时也为许多企业撰写商业计划书，以消除投资人的顾虑。他经验丰富、善于谋划，是指导你撰写制胜商业计划书的不二人选。

他是一名独立的战略顾问，专门为商业客户制定商业战略和规划，对私募股权投资进行战略尽职调查。他曾在理特管理咨询公司和美国银行家信托公司（美国信孚银行）供职多年。

他撰写过许多成功的商业图书，其中包括本书的姊妹篇 *The FT Essential Guide to Developing a Business Strategy*（2013）和畅销书 *Key Strategy Tools*（2012）。

沃恩·埃文斯毕业于剑桥大学经济学专业，是伦敦商学院艾尔弗雷德·P. 斯隆杰出学者。他也是一位幽默风趣的演说家，主持过很多研讨会。他的最新著作 *Stand, Speak, Deliver! How to Survive and Thrive in Public Speaking and Presenting*（2015）是一本精练诙谐的指南，教读者如何轻松驾驭公开演讲和演说。

专家赞誉

"沃恩·埃文斯为所有需要撰写商业计划书的人提供了一份详尽而实用的指南。我尤其喜欢他对市场需求和竞争分析的强调，因为企业家往往凭直觉行事，而不是靠正确的分析。错误计算这两个关键领域可能会让你进入错误的行业。我以前也有过这样的经历，无论团队有多优秀、执行力有多强，只要这两个方面无法令人信服，争取投资都将是一场艰苦的战斗。埃文斯抓住了商业计划书的关键。"

——安东尼·卡利宾，Euroffice Ltd 和 XLN Telecom Ltd（均于 2010 年 9 月出售）联合创始人，也是最新成立的 B. Online 公司的创始人

"筹集资金永远不会是一件简单的事。沃恩·埃文斯的这本书揭示了投资人对商业计划的期望及背后的原因，是所有管理人员和新兴企业家的宝贵资源。"

——休·列侬，凤凰股权投资公司执行合伙人，英国风险投资协会前主席

"埃文斯做到了！本书清晰、可读，严肃地思考了每一份商业计划书必须解决的基本问题。如果你要写商业计划书，那么这本书就是为你准备的。"

——约翰·W.穆林斯，伦敦商学院管理学副教授，创业学讲座教授，著有《如何寻找一门好生意》和《前往 B 计划：突围到一个更好的商业模式》

"本指南直击商业计划书的核心，适用于所有情况。作者利用真实案例，以令人钦佩的方式进行了清楚而巧妙的阐述。任何打算进行任何投资的人都

应该读这本书，就算你觉得自己洞悉一切，它还是能给你新的启发。"

——詹姆斯·布罗克班克，Advent International 董事总经理

"这本书终于问世了！它以简明扼要的方式教我们撰写投资人和贷款机构真正想看的商业计划。我从未见过哪本书如此直接地探讨这个问题。埃文斯用他丰富的经验，为读者提供了真实可信、实用易操作的建议。"

——詹姆斯·考特尼，渣打银行全球企业主管

"这本书为什么不早点出来，指导我写商业计划书！沃恩·埃文斯凭借他丰富的经验，用他独特的风格，撰写了这本全面、清晰的指南，揭开了商业计划书的神秘面纱。书中有不少很好的例子，对于那些正在考虑创业或者推动现有企业进入下一个增长阶段的人来说，它都是必不可少的参考。"

——格雷厄姆·休斯, Haven Power Ltd 联合创始人（2010 年退出）

"许多投资人都说，他们投资的是人，而不是企业。这句话也对，也不对。人固然重要，但是，公司所服务的市场、潜在竞争的性质、公司传达给市场的价值主张也同样重要。这些都是商业计划书的重点，本书对此作了清晰的阐述。这本书是写给管理者和企业家的，作者非常了解投资人需要什么。"

——大卫·威廉姆森，Nova 资本管理公司董事总经理

"沃恩·埃文斯在制订商业计划和代表投资人评估计划方面有丰富的经验，因此本书非常值得一读。我从事私募股权，从我的角度来看，按照书中的准则提交的计划会脱颖而出。它说出了潜在投资人的需求。"

——詹姆斯·皮特，列克星敦合伙公司合伙人

"众所周知，大多数新企业都会失败。本书的独特之处在于，它承认大多数企业甚至在成立之前就已经失败了——因为无法吸引到资金支持。沃恩·埃文斯强调，严格的战略分析是任何可行的商业计划的基础。作者强调了了解客户、认识竞争格局和评估资源在初创企业所有关键阶段的重要性：

吸引投资人、启动业务，并将其发展成为一个能够自我维持的企业。本书为成功的商业计划书提供了一个稳健、务实、易读的框架。"

　　——罗伯特·M. 格兰特，米兰博科尼大学战略管理学教授，著有《现代战略分析》

　　"我们聘请沃恩·埃文斯这样的顾问，对被投资公司的商业主张进行取证调查。埃文斯本人多年来一直从事这方面的工作，他在书中重点分析了那些对推动企业价值最为关键的问题：市场增长、竞争和一个强有力的、与众不同的战略。听从他的建议，在你的商业计划书中直面这些问题，你就迈出了获得资金的第一步。"

　　——肯·劳伦斯，Gresham Private Equity 合伙人

　　"一份好的商业计划书不是直接让你获得资金，而是给你一个机会。它提出正确的问题，你需要与投资人共同解决这些问题。而一份糟糕的计划书让你还没见到投资人就已经失败了。遵循埃文斯的建议，你会写出一份好计划的。"

　　——何塞·玛丽亚·马尔多纳多，Bridgepoint Capital（西班牙）合伙人

　　"沃恩·埃文斯了解投资人的思维方式：在重大问题上考虑风险和回报。在本书中，他向读者介绍了这种思维方式，教读者预先解答投资人可能提出的所有关键问题。现在本书已经出版了。对于像我们这样靠私募股权支持的成长型企业来说，这是一份无价的指南。"

　　——史蒂芬·劳伦斯，Protocol Education Ltd 行政总裁

　　"无论你是初创企业、处于发展初期的企业，还是成熟企业，本书都能为你提供重要而深入的指导，帮助你撰写一份有说服力的商业计划书。为了获得不同读者的信任，本书提供的不仅仅是一个制订商业计划的模板，它汇集了现实生活中有价值的案例，以及关于战略和运营的宝贵建议。事实证明，对于任何需要制订可信商业计划的公司（无论规模大小）来说，本书都是非

常有用的工具。

　　——文斯·奥布莱恩，Montagu Private Equity 董事，英国风险投资协会 2005 年主席

　　"'如果你真的想要，你就可以得到。'但前提是你有一个好计划。写商业计划书是任何一个商界人士职业生涯中都必须做的最重要的工作之一。作为一名投资人，我在过去近 20 年的时间里读过无数商业计划书。遗憾的是，我很少遇到好的商业计划。本书是沃恩·埃文斯从他丰富的经验中总结出的一个深刻而实用的指南。听从本书的建议，你将有机会得到'你真正想要的东西'。"

　　——安德鲁·弗格森，Baird Capital Partners Europe Ltd 董事总经理

　　"大型组织的商业计划书往往只是预算编制过程的延伸，十分机械。埃文斯说得对：这件事要么做好，要么不做。正确的做法是对市场和业务主张进行深入分析。这本简洁有力的书向管理者们展示了如何把这件事做对、做好。"

　　——克莉丝汀·哈维，葛兰素史克公司研发部商业分析与规划前主管

　　"我们每年都会收到许多中小企业的商业计划书。如果企业家们能花点时间读一下这本书，我们的工作会简单得多，他们获得融资的机会也将大大增加。"

　　——彼得·赖特，金融威尔士投资总监

　　"本书为任何需要制订商业计划的人提供了一个必不可少的工具包，作者以简洁、严肃的方式呈现了他的建议。生动、现代的案例研究和重要提示，加上易于学习的写作方式，使它成为所有人——无论是职场菜鸟还是资深人士——的完美读物。"

　　——比尔·普里斯特利，LGV Capital Ltd 董事总经理

"当我看到一个商业概念时，我首先会问'他们是否有一个周密的计划？'，如果没有，我通常会马上否决这个概念。为你的企业争取投资等于推销一个经过深思熟虑的概念，并确保以清晰和令人信服的方式为投资人提供他们所需的信息和分析。本书从潜在投资人的角度出发，逐一回答他们关心的问题。它提供了一个严肃、易于理解的指南，确保你交付一份有说服力的计划书。"

——罗伯特·萨缪尔森，维珍传媒战略执行总监

"作为一名私募股权投资人，我们看过的许多商业计划书都未能达到沃恩·埃文斯的'七个C'标准。如果你正在寻求资金支持，那么阅读这本优秀的指南将是你的第一步。"

——保罗·高夫，STAR Capital Partners Ltd 合伙人

"这些年来，我看过不少关于商业计划书的指南。它们告诉你应该在计划书中写些什么。埃文斯这本书的不同之处在于，它用明白晓畅、通俗易懂的语言告诉你为什么要这样写，以及如何写。作者曾代表无数顶级投资人审核商业计划，在这方面具有无与伦比的丰富经验。将他的建议付诸实践，不仅能提高你的融资胜算，还能帮助你更敏锐地思考你的业务。"

——理查德·坎普，Sephton Capital 执行合伙人

"老实说，我们看到的大多数所谓的商业计划书都是用稻草做的，投资人不费吹灰之力就能将其推翻。在这本书中，埃文斯将告诉你如何用砖块构建一份经受得住投资人'飓风式拷问'的商业计划书并赢得投资。"

——乔纳森·德里—埃文斯，Manfield Partners 合伙人

"我很少遇到企业家真正愿意花时间来制订一份完美的商业计划。毕竟，我们可以用这些时间打几个销售电话，想一些新点子……可是，沃恩·埃文斯在这本优秀的书中告诉我们，撰写商业计划书不仅是成功的必要条件，而且充满乐趣——尤其是当你成功筹集到创业或发展业务所需的资金时。无论

对创业新人还是资深企业家，本书都会非常有用。"

——洛克斯利·麦肯齐，Colordarcy Investment Ltd 董事总经理

"我们在电视上见过他们——那些有抱负的企业家，他们满怀激情，却不清楚明年的预测销售和利润数字，有的甚至说不出去年的公司业绩，无法将其量化。但是，正如沃恩·埃文斯在这本优秀的商业计划书撰写指南中指出的那样，投资人在签字之前，除了看到激情，他们还要看到证据。这也是本书的独到之处：它从商业计划书的读者——投资人的角度确立标准和优先级。本书帮助你把一个令人生畏的挑战转变为一项收集信息和锻炼技能的任务，让你顺利说服投资人。"

——格雷格·斯皮罗，SpiroNicholson 董事总经理

"就像推销产品或服务一样，你必须让你自己和你的企业在投资人心中脱颖而出，这样才能筹集到资金。仅仅拥有出色的产品或服务是不够的。这本罕见的有见地的书将引导你做到这一点。这是一本非常值得一读的指南，即使你的商业构想在现阶段只是一个梦想，它也值得你将它放在你的书架上。"

——迈克·普莱斯，Better Strategy Ltd 董事总经理

"埃文斯提供了详细且非常实用的方法、模板和有重点的案例研究，帮助企业家和开发人员准备材料和文档，而不再需要花高价购买。本书的写作风格轻松欢快、平易近人，能激发读者对这项工作的热情。埃文斯的轻松处理让会计和预测方法不再那么单调乏味，同时丝毫没有牺牲严谨性和针对性。他的需求预测方法简洁而娴熟。他对广告和营销的区分也不遑多让。这本指南的积极精神应该渗透到商业计划书本身，以达到最终目标：从内部或外部投资人那里获得投资。"

——史蒂芬·尤利格，Colinette Partners 董事总经理

"我非常喜欢这本书。作为一个曾经写过商业计划书，也指导过他人写

计划书的人，我认为这本书为我们提供了应对这项挑战的新视角。书中有很多实用的技巧和详细的指导。对于那些在财务上遇到困难的人来说，'财务和预测'一章对关键术语、其含义以及如何计算这些数字提供了我所见过的最直观的解释。"

——安迪·汤姆金斯，Atomki 董事总经理

"这些年来，我为自己的创业公司写过几份商业计划书。一年前，我需要为一家打算扩张的知名企业写一份商业计划书，我需要一些外部的、低成本的帮助。我翻遍了（网上）书架，买了一本畅销书。最终，我制订了一个合理的计划，但这是一个艰难的过程。那本书冗长而复杂，既关心细枝末节和财务状况，又重视商业原理。这本书面世后，商业计划书撰写者们轻松多了。它很特别，短小精悍，直奔主题：我们需要做什么才能满足投资人的要求。它读起来生动活泼，却有深刻的指导意义。埃文斯根据他多年的经验告诉我们，什么可行，什么不可行。书中不乏 Levi Roots 和 LoveFilm 等优秀案例，对财务问题的阐述简洁而充分。你一定要读这本书，它能为中小企业主——无论是初创企业还是准备进行战略扩张的企业——节省时间和精力，以及数万英镑的咨询费。读完这本书，你将能够写出一份让投资人满意的计划书——这应该是我们都想看到的结果！"

——阿曼达·希尔斯，Hills Balfour Ltd 首席执行官

"这本书非常有用，写得很好，全面而又简明，写作内容丰富而可信，既有趣又有教育意义。实在是太棒了！"

——伊恩·朗，Higher Level Systems Ltd 首席执行官

前　　言

你的企业需要投资吗？如果需要，那么你得学会撰写一份商业计划书。

不知道从哪里开始？恭喜你，你来对地方了。让这本书来指导你编写商业计划书，消除投资人的顾虑。

这是本书的第 2 版。第 1 版于 2011 年出版，得到了来自企业家、管理者、员工、顾问、学者和学生的普遍好评。

他们喜欢它的风格、方法、工具和案例研究。但最重要的是，他们喜欢书中的视角。

本书是从投资人的角度写的。它将引导你解决投资人担心的所有问题。

它敦促你写每一个词、每一个数字、每一个事实、每一个主张时都要考虑投资人的需求。

背后的原因很简单：金融家们收到的绝大多数商业计划书最后都进了垃圾桶。

站在他们的角度考虑问题。他们看过无数商业计划书，每个月几十份，除非计划制订者明显做了功课并为解决他们可能的顾虑花了大量功夫，不然计划书还是会进垃圾桶，即使商业主张真的有（未经证实的）前景。

本书将教你如何根据投资人的需要，设计、制订和塑造一个计划。

前一版的读者反馈中有关于如何改进本书的有用建议，我很高兴地把它们写进了这本书中。以下是主要的更改：

- 进一步挖掘初创企业面临的特定挑战，尤其是在确定你认为的市场利基和你认为的竞争优势方面。

- 根据读者要求，用一个新的章节来讲解如何推销你的计划——这是一门艺术，也是一门科学。我很乐意分享我 25 年来在公共演讲和演说方面积累的经验！

● 一个关于计划执行的新章节，其中包含关键的绩效指标和里程碑。

● 一个关于替代资金来源的新附录。

● 另一个新附录，展示了一份完整的计划书。

● 又一个新附录：推荐书目。

与第 1 版一样，本书的主要目的是帮助你撰写成功的商业计划书，次要目标是给你愉快的阅读体验。

希望你喜欢这本书！祝你创业成功！祝你的业务扩张计划顺利推进！

沃恩·埃文斯

引　言

你有了一个好主意！你想到了一个新业务！听过的每个人都觉得很棒。
"稳赚不赔！"他们都说。

但夸赞没用。你需要的是现金。你没有足够的银行存款来实施你的计划，
你的家人和朋友也没有。你需要一个投资人，可能是天使投资人，也可能是
风险投资人。

要说服投资人，你需要一份商业计划书。

或者你经营自己的公司，公司要扩张。你可以用公司的盈余，或者向银
行贷款，但也可以多加一些缓冲。你需要一个投资人，很可能是你的银行。

你也需要一份计划书。

如果你计划大举扩张，或者进行收购，又该怎么办呢？你需要投资人的
股权支持。

你需要一个认真的计划。

如果你正打算进行管理层收购，你就更需要一个计划了！它必须稳健，
必须极其可靠，因为一旦交易达成，你的私人股本投资人会让你对它负责。

或者你是一名中层管理人员，某个周一的早上，你在饮水机旁被老板叫
住："查理，董事会需要一份商业计划书。你来写好吗？"你在销售、市场
或财务方面的工作做得很好，但是你从来没有写过商业计划书。要从哪里开
始呢？

更糟的是，老板一边拿着他的塑料杯喝水，一边转过身来说："哦，对了，
周五下班前把初稿给我。谢谢！"他语气轻松，说完就走了。

你把手中的水一饮而尽。你需要制订一个计划。

在所有这些情况下，这本书都能帮你。它站在投资人的角度——无论是银行家、投资者还是董事会董事——告诉你怎样的计划书能成功获得投资。

每一页上的每一个字都是为了帮助你的企业获得所需要的支持。

你不需要一本商业计划百科全书。你不需要百科全书式的指南来帮助你。

事实上，一份包罗万象的计划书会让投资人却步。他 / 她想要的是肉，咀嚼脂肪只会让他们退出。

重要的是信息，而不是细节。长短并不重要。

你需要一个清晰、简洁、易于投资人阅读和理解的计划，一个连贯、前后一致、令人信服的计划，为投资人提供他们需要的证据和论据。

你需要掌握撰写商业计划书的要领。

这是为你而写的书。它根据投资人的需求量身定制。许多商业计划指南都是站在你（管理者或创业者）的角度来指导你完成整个过程。

这本书不是。它是客户驱动，而不是供应商驱动的。它从投资人的角度告诉计划制订者要怎么做，投资人需要了解业务的哪些方面，以及你需要研究和分析什么来满足他们的需求。

那么这本书是为谁而写、谁又是这个"计划制订者"呢？计划制订者是负责撰写商业计划书以赢得投资的人。如上所述，你可能是一家中型企业的经理，执行董事交给你撰写计划的任务；你也可能是一家小公司的老板，你把任务委派给了自己。

你还可能是一家大公司的经理，公司想要一份直入主题、简洁有力的投资计划，而不是一沓冗长、快到截止日期时才递到老板桌子上的表格。

如果你正在创业，本书将告诉你制胜计划书的精髓。

本书分为三个部分：

- 准备
- 撰写
- 使用

第 1 部分介绍动笔之前需要做的事，包括目的、研究和组织。

第 2 部分是本书的核心，其格式经过精心设计，能帮助你写一份打动投资人的商业计划书。这部分的章节标题和编号与你的商业计划书完全一致。

　　例如，本书第 3 章讲市场需求，计划书的第 3 章分析市场需求。同样，本书和计划书的第 4 章都与竞争有关。

　　计划书的第 1 章是执行摘要，第 9 章，也是最后一章，是结论。本书也如此。

　　本书第 3 部分介绍如何使用你的计划。首先，它将用在你的"推销演讲"中。第 10 章告诉你如何最有效地向潜在投资人推销你的计划，如何根据投资人的要求调整计划，如何组织演示文稿以及如何最好地进行演示。

　　但是，计划书的用途不只限于推销。你还可以用它来设定目标、评估绩效及管理人员。在第 11 章中，这些目标将转变成关键绩效指标和里程碑。

　　写作是最简单的部分。难的是如何去做，按照计划去执行。第 12 章讨论你应该如何根据计划定期监控进度，并在未来的某个阶段（可能是三四年）对其进行评估。

　　本书还包含了非常实用的附录，教你如何获得竞争优势（见附录 A），如何对客户进行结构化面访（见附录 B）。

　　附录 C 提供了目前可供创业者使用的其他资金来源。

　　附录 D 以幻灯片的形式呈现了一个典型的商业计划书案例——达特谷酒店和东方温泉浴场，这也是本书每一章的中心案例。

　　最后是本书作者精选的推荐书目（见附录 E）。

　　你的商业计划书的附录当然会和本书的附录有所不同。没有哪两份计划书有相同的附录，但大多数都应包含你的产品 / 服务、它们所服务的市场细分、竞争对手、你公司的竞争定位、客户、营销、管理、设施、IT 等方面的细节。

　　由各个策划者 / 撰写者来评估哪些细节应放在附录中，这样做只有一个目的，就是根据投资人的需要提供进一步的证据，让投资人放心。

　　最后，也是很重要的一点，记住，如果你的商业计划书条理清晰、前后一致、真实可信，那么它就完全有可能赢得投资。如图 0.1 所示，投资人希望看到你的鸭子排成行。

　　如果你的鸭子凌乱无章（见图 0.2），它们不连贯、前后不一致且难以让人信服，投资人会像之前数百次在同样场合所做的那样，起身离开。

图 0.1　投资人希望看到你的鸭子排成行

图 0.2　凌乱无章的鸭子会让投资人却步

本书将告诉你如何让鸭子们井井有条，如何撰写一份打动投资人的商业计划书，获得企业成功所需的资金。

目　　录

第 1 部分

准备工作

1

第1章 必要准备

"我们唯一知道的未来，是它将与现在不同。"

——彼得·杜拉克（Peter Drucker）

本章要点

- ■ 结果
  - — 成熟企业
  - — 初创企业
- ■ 需求
- ■ 准备
  - — 调研
  - — 组织
- ■ 中小企业的计划书

让我们从结果开始，想想一份好的商业计划书应该是什么样的？在深入探究细节之前，我们要找到这个问题的答案，并把它牢牢记在心里。然后，深入思考写这份计划书的目的，以及要把它交给谁看。最后，我们根据要进行的研究和要实施的工作，想想撰写一份成功的商业计划书需要做些什么准备。

结果

我们的目的是什么？这个过程的最终结果是什么？一份制胜计划书是什么样子？它与失败的计划书有何不同？简而言之，最重要的结果是什么？

我们来看看两种情况下的结果：

- 成熟企业的商业计划书
- 初创企业的商业计划书

我们先说成熟企业的商业计划书，因为它更简单。这样的公司有良好的运营和财务记录，在市场需求、行业竞争、战略定位和资源配置方面都有丰富经验。预测的依据既有事实，也有判断。

如果你正在计划创业，你更应该阅读该部分内容。这是你几年后的目标，届时你的公司已经站稳脚跟，并准备进入下一个阶段。

成熟企业

成熟企业的成功商业计划书是什么样的呢？

我们将通过一个虚构的案例来介绍，在本书中会一直使用它。希望这是一个能引起你共鸣的案例。我相信我们所有人都会不时地有一种冲动，想要逃离激烈的竞争，在地球上某个田园诗般的地方自己创业。

在英国的德文郡就有一片这样的天堂，它位于达特河谷平缓的斜坡上，距离达特茅斯约 10 英里①。达特谷酒店和东方温泉浴场的所有者和经营者是迪克

———————
① 1 英里≈1.61 千米。

和凯·琼斯。迪克曾是一名管理顾问，凯则是英泰遗产公司的压力管理顾问。

　　酒店已经经营了三年，现在才刚刚开始盈利。迪克和凯计划扩建 16 间客房和一个游泳池，并且拿到了建筑许可证。他们相信这项投资将改善酒店的盈利能力。但在过去几年里，他们的个人资金已经耗尽，要启动项目，需要一笔外部资金。

　　简而言之，他们需要一个投资人。因此，他们得撰写一份计划书。下面是他们的执行摘要——非常精练，仅用一张 A4 纸的篇幅，就以令人满意的方式解答了投资人需要知道的大部分关键问题。

基本案例研究
达特谷酒店和东方温泉浴场商业计划书，2015 年

第 1 章：执行摘要

　　达特谷酒店和东方温泉浴场（以下简称"达特谷"）是一个与众不同的度假胜地。它坐落在南德文郡，俯瞰壮美的达特河谷。在这里，游客们可以领略充满东方风情的客房、美食和水疗服务。酒店有 17 间客房；温泉浴场和餐厅也对日间游客开放。酒店 2014 年的营业额为 51.3 万英镑[①]，自 2012 年以来每年增长 36%，2015 年的营业利润率有望超过 20%。此外，酒店还将投资 105 万英镑扩建 16 间客房和一个游泳池，到 2019 年，销售额将翻一番，营业利润率将提高至 34%。过往的数据表明，投资有望带来可观的回报，足以抵御成本超支或入住率增长缓慢的风险。

　　达特谷有三个主要的业务部门：客房、餐饮和温泉浴场。客房收入增长最快，平均每年增长 45%，温泉浴场收入（占总收入的 20%）增长较慢，每年增长 18%。这是由于一开始非住店游客的大力推动（起点较高，因而后续增长空间有限）。二期扩建后，容量限制的问题将得到缓解。

　　2014 年，英国西部地区的旅游市场价值 2.25 亿英镑（数据来源：英国旅游局）。重要的长期驱动因素包括英国人口和人均收入的增长，以及越来

[①]　1 英镑≈8.93 元人民币。

越多的人开始每年多次度假。2008 年以来的主要短期推动力是金融危机对国内旅游业的提振，即所谓的"就近度假效应"。2013 年至 2014 年，随着经济复苏和海外游的恢复，增长开始放缓，未来几年市场将保持平稳。

在德文郡和英国西部有许多不错的酒店、旅馆和民宿。行业竞争激烈，入行门槛低，入住率取决于规模和位置，通常随着时间的推移不断提高。其中，最有特色的几家酒店生意红火，有很多回头客。在德文郡的乡村，温泉浴场并不像在普利茅斯那样的大城市那么普遍，但在邻近的托基和托特尼斯有几个不错的温泉。那里的酒店还提供中国菜、泰国菜、日本菜和越南菜等东方美食。

达特谷有两个主要特色：优越的地理位置（俯瞰英国最壮美的山谷）和东方风情。酒店氛围含蓄低调，卧室装潢透出东方气息。温泉浴场除了有标准水疗，还提供东方疗法。餐厅既有东方美食，也有欧洲菜肴。游客可以自由选择。自 2011 年 12 月开业以来，酒店入住率从 39% 增加到 56%，再到 71%，2015 年保守估计可达 75%。过夜游客的餐厅使用率上升到 35%，温泉使用率增至 26%，均高于预期。

2010 年，迪克和凯以 71.5 万英镑的价格买下了酒店的永久产权，其中 50 万为抵押贷款。他们还自己花了 28 万英镑用于装修。他们全身心投入酒店经营，聘请了三名全职员工，视需要雇用兼职。专业水疗师按要求签约。2013 年（即开业后的第二年），酒店实现收支平衡；2014 年税前利润为 11%，2015 年预计可增长到 15%。迪克和凯相信，计划中的二期扩建将极大地提高盈利能力。新建筑将耗资 105 万英镑，包括 16 间客房和一个室外恒温游泳池。除融资成本外，管理费用将增加 50%，但一旦入住率在 2019 年（保守估计）依然是 2018 年的水平，收入将翻倍。假设董事薪酬不变，2019 年营业利润率将达到 34%，税前利润为 24%。快速增长将带来现金流挑战，迪克和凯希望投资人的投资有一定弹性。

该计划的主要风险有：入住率增长缓慢，原因包括经济复苏步伐加快，导致就近旅游人数进一步下滑；竞争对手开业；常客对酒店产品和服务兴趣下降或酒店知名度不够；工程延误；酒店业主出现健康问题——计划书对所有这些问题都做了深入分析，得出的结论是以上风险均可控。

增长机会在于，通过利用成熟的概念进行营销，引入新的互补服务或产品，提升温泉业务的利润率以及收购另一个酒店（三期项目）来提高入住率。例如，收购一家法尔谷的酒店，复制康沃尔的东方水疗理念。

总之，达特谷酒店已成为西部地区旅游业的重要参与者，为游客提供别致的住宿、餐饮和休闲体验。通过二期扩建，它将成为南德文郡水疗服务领域的领导者，并获得可观的利润。酒店业主希望找到与自己有同样愿景的财务合作伙伴。

为什么这是一个好的商业计划呢？首先，它简洁明了。其次，它连贯一致——故事情节衔接自然。最后，它回答了风险要如何解决的问题。你将在本书第 2 部分看到，投资人主要关注四个方面的风险，而上面这份计划书对所有方面都做了解答。

- 市场需求风险（见第 3 章）——需求有弹性，在 20 世纪 30 年代以来最严重的经济衰退期间呈反周期增长，如今已企稳。
- 竞争风险（见第 4 章）——行业竞争激烈，但有特色的产品竞争对手并不多。
- 战略风险（见第 5 章和第 6 章）——达特谷酒店利用其独特的产品和服务赢得了份额，并且已准备利用这些特色，通过战略上合理的扩张，赢得更多份额。
- 财务风险（见第 7 章）——预测数字与市场、竞争和战略环境相一致。

是的，达特谷酒店看起来十分可靠，当然也可以接受尽职调查。

重要提示

你的商业计划书应该做到以下七个方面：清晰、明了、简洁、一致、连贯、可信、令人信服。最重要的是要令人信服，尤其是在风险评估方面，它的目的是说服投资人。记住所有七个要点，尤其是最后一个。

那么，一个糟糕的计划书是什么样的呢？好公司也会有坏计划。

假设达特谷酒店商业计划书的起草人不是迪克·琼斯（要知道他可是文学学士、工商管理硕士并担任过管理咨询师，他不仅精通业务管理，而且擅长战略和财务分析），而是另一个人，他并不认为有必要写这份计划书。他写出来的计划书会是什么样呢？

看下面的例子。

基本案例研究
达特谷酒店和东方温泉浴场商业计划书，2015年

第1章：一份糟糕的执行摘要

达特谷酒店和东方温泉浴场是旅行和水疗爱好者在西部地区的胜地。酒店收入增长迅速并实现了盈利。

德文郡是英国重要的旅游目的地之一，达特谷酒店是这里最好的住宿地。

酒店业主是琼斯夫妇，他们在客房、温泉浴场和花园雇用了几位帮手。

业主计划建一栋新建筑和一个泳池，以提升酒店的盈利能力。该计划没有重大风险，并且在英国西部的类似地区有很多机会复制这一模式。

总之，投资达特谷酒店能让您轻松赚钱。

如果你是投资者，你会被打动吗？我猜不会。为什么不会呢？因为计划书实在有太多问题。我们参照上面的七个标准，它们刚好代表了商业计划书中每一章的标题，详见本书第2部分。

■ 计划书中没有关于销售额、增长、各部门销售额、利润率、市场规模、市场份额等方面的关键数据。很明显，这份可怕的执行摘要作了夸大的陈述。大多数同类摘要都有一些销售、利润等方面的数据，但你会惊讶地发现，很多商业计划书完全没有提及按部门划分的销售额（见第2章），更不用说市场规模或份额了。

■ 计划书中也没有关于市场需求驱动因素的讨论，而市场需求驱动因素恰恰是所有关于市场需求增长的讨论的基础（见第3章）。

- 没有提及竞争对手，仿佛他们无关紧要。很多，甚至大多数商业计划书对竞争对手实力的说明都无法令人信服，并且很少分析竞争格局的变化趋势（见第 4 章）。
- "达特谷酒店是最好的。"你可能看到这句话感到惊讶，甚至震惊，但这种粗枝大叶、毫无依据的描述在商业计划书中却十分常见（见第 5 章）。
- 有几位员工，好的，谢谢，"几位"究竟是多少？（见第 6 章）。
- 扩建项目的成本是多少？后续的盈利能力会有多大提升？（见第 7 章）。
- 什么，没有风险？！（见第 8 章）。

这些都是我们要规避的错误。在第 2 部分，我们会详细讨论正确的做法，但在那之前，让我们来看看初创企业的商业计划书。

初创企业

初创企业的商业计划书与成熟企业有何不同？

差异其实并不多。计划书的结构是一样的：介绍业务（主张）、市场需求、竞争格局、战略地位、资源、财务、风险等。不过，初创企业的计划书的描述主要用的是将来时。

最大的不同是不确定性的程度，特别是市场对你的业务主张的接受程度。对于初创企业来说，市场反应在很大程度上是未知的。然而，可以通过研究和评估对其进行预测，这将在第 3 章中详细介绍。

假设 2010 年迪克和凯在达特谷创业时，没有出售他们在伦敦的房产，也没有抵押贷款，而是筹集外部资金。他们必须起草一份商业计划书。如下：

基本案例研究
达特谷酒店和东方温泉浴场创业商业计划书

第 1 章：执行摘要

达特谷酒店和东方温泉浴场（以下简称"达特谷"）将成为一个与众不同的度假胜地。它将坐落在南德文郡，俯瞰壮美的达特河谷。在这里，游客们可以领略充满东方风情的客房、美食和水疗服务。酒店将设 17 间客房；温泉浴场和餐厅也对日间游客开放。

2009 年，英国西部地区的旅游市场价值 2 亿英镑（数据来源：英国旅游局）。当前，严重的经济衰退导致"就近度假"蓬勃发展。此外，英国人口和人均收入增长，以及越来越多的人每年多次度假等长期推动因素都将进一步提振该地区的旅游业。

在德文郡和英国西部有许多不错的酒店、旅馆和民宿。行业竞争激烈，入行门槛低。但最有特色的几家酒店生意红火，有很多回头客和极高的入住率。在德文郡的乡村，温泉浴场并不像在普利茅斯那样的大城市那么普遍，但在邻近的托基有几个不错的温泉。托基和托特尼斯还有提供中国菜和泰国菜的酒店。

达特谷酒店将有两个主要特色：优越的地理位置（俯瞰英国最壮美的山谷）和东方风情。酒店将营造含蓄低调的氛围，卧室装潢将透出东方气息。温泉浴场除了提供标准水疗，还提供东方疗法。餐厅既有东方美食，也有欧洲菜肴。游客可以自由选择。酒店于 2011 年末开业。目标是 2012 年的酒店入住率在 25% ～ 30%，2014 年增加到 60%。同期过夜游客的餐厅使用率和温泉使用率将分别上升到 25% 和 20%。

这些预测的依据包括大量市场研究和几次试销结果。我们编制了一份报告，介绍了该地区十多家三星级和四星级竞争酒店的位置、产品、服务和资源，以及竞争对手的温泉浴场设施。我们还去了英国两个类似的温泉浴场，一个在伦敦，另一个在杜伦。整个体验非常愉悦。我们带着剪贴板和调查表，花了两天时间采访了托培地区的游客。结果显示，在位置相似、价格相近的情况下，受访游客中有 82% 愿意（37% 的"非常乐意"）尝试达特谷这样的酒店。

我们有意以 71.5 万英镑的价格购买该物业的永久业权，并计划花费 24 万英镑将其改建和翻新为 17 间客房。客房带连接浴室、新厨房和水疗设施。此外还有室外水疗浴缸、桑拿 / 蒸汽按摩淋浴，两个治疗室和一个冥想室。我们将全职经营这间酒店，聘请三名全职员工，并酌情雇用兼职。专业水疗师将按要求签约。

我们计划严格控制运营成本，争取在入住率达 40% 时实现盈亏平衡，入住率达 55% 时实现净利润。我们到 2014 年实现后一个目标，净利润率提高到 5% ~ 10%。快速增长将带来现金流挑战，因此我们希望投资人的投资有一定弹性。

该计划的主要风险包括常客量不足；入住率低于 40%，导致入不敷出；装修工程延误和 / 或成本上涨；竞争对手开业；酒店业主出现健康问题——计划书对所有这些问题都做了深入分析，得出的结论是以上风险均可控。

主要的增长机会在于二期扩建项目。如果我们能拿到建筑许可证，我们将扩建一栋新楼，增加 12 ~ 16 间客房，以及一个漂亮的室外游泳池。扩建项目会增加管理费用，但也能带来更高的利润。我们计划在一期翻新工程开工后，尽快着手申请。

总之，达特谷酒店将成为英国西部地区旅游业的重要参与者，为游客提供别致的住宿、餐饮和休闲体验，并获得可观的利润。我们希望找到与我们有同样愿景的财务合作伙伴。

除了使用了将来时，这份计划书还有哪些不同于上一份计划书的地方？你发现了：附加的第 5 段，你必须说服投资人，让他相信这不是赌博，而是一项投资，有严谨、严格的市场研究作为依据。

稍后我们会讨论为初创企业撰写商业计划书需要进行的市场调查（见第 3 章）。

需求

撰写商业计划书的目的是什么？你为什么需要它？它是给谁看的？

你需要支持，因为你正在创业；或者，你的公司即将快速增长，又或者它遇到了困难，需要注入资金。

无论哪种情况，你都需要支持，所以你需要一个商业计划。当然，真实情况可能比这更复杂，但也不会复杂太多。以下是几个值得一提的撰写商业计划书的目的：

- 初创企业需要资金
- 股权融资
- 债务融资
- 需要获得董事会批准
- 需要说服合资伙伴
- 出售企业
- 区别于项目计划
- 用作管理工具

让我们来简要地看看每一种目的。

初创企业的商业计划书

这与成熟企业为寻求融资而撰写的商业计划书没有本质区别。标题是相同的，但是，正如你在第2部分中所看到的，初创企业的计划书需要解决一些特殊的附加问题。例如，识别潜在客户、制定独特的价值主张、进行试点调查和评估竞争反应。

初创企业的商业计划书需要根据融资类型（是股权融资还是债务融资）量身定制，但对一家成熟企业来说是一样的（见下文）。

用于股权融资的商业计划书

你的投钱方是投资者。他们投资是为了获得回报——尽可能高的回报，以及尽可能少的风险。投资者有多重视获得超额回报的机会，就有多重视回报不足的风险。在撰写所有章节时你都要牢记这一点，富有创意而又务实地探讨投资可能带来的好处。

用于债务融资的商业计划书

你的投钱方是银行家。他们想要从交易中赚取费用，从贷款中获得利息。他们希望你的企业能够产生足够的现金来支付利息。银行家们想要某种形式的担保或抵押品，这样他们就能在贷款期结束时，把钱全部拿回来。

记住：作决定的可能不是银行家本人，而是银行信贷委员会的成员，他们不会和你见面，他们也听不到你对未来的宏伟构想。

他们只会审查一份没有温度的文件——你的商业计划书。因此，你最好在计划书中分析所有的弊端，并提出令人信服的解决方案。信贷委员会对你企业的发展空间没有丝毫兴趣，因为他们无法从中得到任何好处。他们只想知道哪里可能出错，有多大的可能性，以及一旦出错，你会如何减轻损失。

写给银行家看的商业计划书的整体基调不同于为股票投资者撰写的计划。你必须保守、谨慎、规避风险。预测必须容易实现。银行家们不愿意看到任何风险。

我曾在一家投资银行工作多年，与信贷人员有过许多难忘的会面。有件事一直让我讶异。无论你对不利情况有多保守，信贷人员总是会比你更保守，无论出现不利情况的可能性有多小。所以，请做好回应他们质疑的准备。

需要获得董事会批准的商业计划书

大多数商业计划书都属于这一类。想象一下，一两个月前，在董事会会议室里，董事长对你说："哎呀，查理，你和你的团队有这么多好的想法来推动我们公司向前发展，但我有点不明白，我们首先要实现什么目标？我们在哪方面最有胜算？哪种做法风险更大？可能会出什么问题？会发生什么可怕的错误？我们有足够的现金来支撑这些扩张吗？我们需要一个计划！"

现实情况可能有所不同，但给董事会看的商业计划书与给外部投资者看的计划书本质上没有什么不同。尽管拥有内部现金资源，但董事会实际上就是一个投资者，也应该被当作投资者来对待。

用来说服投资伙伴的商业计划书

多年来，我曾为许多合资企业提供咨询服务。合资，就像任何其他关系一样，其成功完全取决于双方能够继续从中受益。在联盟成立时，如果一方获得了明显不公平的优势，那么合作将不会持久，而且关系终结时双方都会感到痛苦。

因此，合资企业最初的成功有赖于一开始商定的条款，而这些条款又取决于双方制订并交换的强有力的商业计划。这些计划书就像是写给投资者的，因为实际上你的合伙人是在投资你的企业，而你在投资他们的企业。

出售企业用的商业计划书

这些年，我经手过的大多数商业计划书都是用于出售企业，它们当中有很多读起来就像是纯粹为权益投资人而写的。如果买方是"贸易买家"（即同一行业或相关行业的另一家公司）、合资伙伴或风险投资人，那么这样的计划书是可行的。

然而，如果潜在买家范围很广，其中一些是私募股权公司，这样的计划书就不那么理想了。买家会希望在不损害公司财务稳定性的前提下，以尽可能少的股权和尽可能多的债务来达成交易。

这意味着融资不仅需要得到私募股权公司投资委员会的批准，还需要得到银行信贷委员会的批准，或许还需要夹层融资机构（即高收益无担保债务的融资机构，附带认股权证）的信贷委员会的批准。

这样的商业计划书应同时考虑投资者的利益和银行家的风险，在二者间实现巧妙的平衡。

区别于项目计划的商业计划书

项目计划书与商业计划书类似，但又不完全相同。项目计划书为特定投资项目提供业务案例。它只考虑与项目直接相关的收入流和成本，并相应地建议进行或不进行投资。决定通常是在董事会一级作出的，只有在非常大的项目上，才会为了外部融资而由其他人作决定。

商业计划书考虑的是整个业务的未来，该业务可能是一个大公司的某个部门或子公司，但它有自己的损益表，并且其将作出全面的预测。

用作管理工具的商业计划书

我的出版商可能不会同意我这么说，因为其会担心潜在顾客把这本书扔回书架。但事实是，在大型、多部门的跨国组织中，制订年度业务规划往往是一个有用的管理工具，但对中小企业来说，这在很大程度上属于浪费时间。

从理论上讲，这是个好办法。每年总经理都会安排一位有能力的经理来回顾上一年的三年计划并制订今年的计划，从中吸取教训并采取措施来提高绩效。

然而，在现实当中，在撰写年度计划时，经理们很少有时间去作充分的市场调查并制定战略，从而导致三年预测缺乏依据，往往过于乐观，甚至可能产生误导。在这类计划书中，经理们唯一需要负责的部分（通常反映在他们的薪酬方案中）是下一年的预算数字。既然这样，为什么每年九月要花数小时甚至几天的时间，作出不受监控的乐观预测呢？

我见过一些年营业额超过 1.5 亿英镑的中型企业，它们不断更新毫无意义的年度商业计划。没有哪个经理相信这些计划，包括总经理。它之所以存在，唯一的原因是，很久以前某个顾问告诉他们，这是一项有用的纪律——事实并非如此，除非方法得当。

方法得当的意思是投入时间和精力，而这些资源在蓬勃发展的中小企业中是短缺的，而且它们更应该用来服务客户和提高业绩。

中小企业制订商业计划的理想时机是在有特定需要的时候：董事会需要，投资者需要，银行需要，或者在出售企业的时候。否则，最好将时间用在其他地方。

无论你出于何种目的撰写商业计划书，本书都能为你提供基本的指导。这是一份能够满足不同投资人需求的指南。

准备

在动笔之前，你需要做一些功课。准备工作可以分为两个方面：

- 研究
- 组织

我们先来看第一项。

研究

你可能觉得你很了解自己的业务，但你知道影响客户行为的因素有哪些吗？你知道你的竞争对手在做什么吗？

如果你的知识体系有所欠缺，你的商业计划书中就会有不可靠的假设，面对投资人的盘问时，你会狼狈不堪。

在动笔之前，你应该做三个方面的研究，除非你确信你和你的同事都已掌握了充分的信息。这三个方面中的每一个都将在有关的章节中详细讨论，简而言之，它们分别是：

- 市场需求、规模、驱动因素和增长趋势数据（见第3章）
- 关于竞争对手的数据：它们的规模、位置、员工人数、营业额和盈利能力（如果没有，作出合理估计）、定位、竞争优势、未来战略和计划（见第4章）
- 一份客户调查——无论是实际客户（如果你的公司是一家成熟企业）还是潜在客户（如果你正在创业），以了解客户现在和未来对你的企业和竞争对手的期望（见第5章）。

重要提示

一份未经研究的商业计划是不可靠的。它最多是清晰、简洁、一致和连贯的，但它不太可能满足第六个C，也不太可能是可信的，更不用说满足第七个C且令人信服了。投资人会问："你是如何得出市场增长预期的结论的？""你的竞争对手对此有何反应？"以及"你凭什么认为顾客会为此付钱？"你最好能给出一个基于研究的可靠答案，否则你将无法获得投资。

给自己一个月左右的时间来收集这些信息。我希望大部分信息已经在你手边，或者存放在市场部的某个文件柜里，不管是纸质文件还是电子文档。填补空白数据可能会耗费一点时间。

最耗时的往往是客户调查。你应该留出两到三周的时间来设计一份问卷，采访他们并收集结果。我在第5章和附录B中会详细讲解应该问哪些问题。

组织

最好提前整理好各种项目，具体如下：

- 规划团队

- 时间表
- 工具
- 内容
- 附录
- 长度
- 起草流程

以下是对以上各项的建议：

规划团队

第一步当然是指定一个负责人来领导团队，而不是由两三个人均摊责任。由总经理通过电子邮件将责任委派给这个人。

当然，在小型企业或初创企业中，经理就是负责人，也就是你！

由一个人负责不仅是为了将所有的数据和分析汇总到各个章节中，也是为了让整个文档风格一致、信息连贯。在整个文档中，只有附录可以让人觉得是另一个人写的。

想想你的目标读者，无论是投资人还是银行家，他们希望你的计划书像这本书一样易读——可以由其他人编辑，但必须由一个人撰写。

小公司或初创企业的商业计划书往往只需要一个人动手——一个人完成所有工作。

在规模稍大的企业中，团队领导可能需要两到三位辅助成员，这取决于业务的复杂程度。其中一位（可能是领导）应该来自销售和市场团队，负责市场和竞争对手分析以及客户调查。另一位可能来自运营部门，负责收集有关公司资产、人员、系统和流程的所有信息。第三位可能来自财务部门，负责财务预测。

如果是一个中等规模的企业，比如年收入在 2 500 万英镑左右的企业，团队领导应该为此投入至少半个月的时间。其他成员投入的时间加起来为 2 ～ 3 个月，这同样取决于业务的复杂性。

时间表

如果你的老板说他们想在周末之前看到一份商业计划书，别担心，这是可以做到的，我就曾经做到过。但他们不要指望这是一份经过研究、真正可靠的计划。你肯定没有时间进行客户调查。在一周的时间里，你所能做的就是将你对公司的了解进行总结，并据此对公司未来的发展作一些预测。

如果老板只是需要一点能让潜在投资人信服的东西，那么一周内写完的商业计划书并非不可行。但请记住，一旦这些预测被写在纸上，它们会深深地印在投资人的脑海中，今后，你需要花费大量的时间和精力才能改变这些看法。

更糟糕的是，当一份 PDF 格式的商业计划书匆匆出炉，通过电子邮件发送给潜在投资人时，它就进入了网络空间。理论上讲，尽管存在保密协议，但只要轻点鼠标，这份计划书就可能进入世界上任何地方的任何金融机构，从而被客户、供应商，甚至（最糟糕的情况）竞争对手看见。

如果你不得不在一周内迅速写出一份商业计划书，记得在每一页用大号字体标注"初稿"，在每一页的脚注加上免责声明，而且仅给潜在投资人一份纸质文件且说明不得复印。

一份完善的商业计划书需要一个月的准备时间。好吧，我承认，可以花钱聘请战略顾问，他们可以在两三周内熟练地完成这项工作，但如果要在内部完成，那就需要更长的时间。如果你以前从未做过类似的工作，你的同事也没有，那你得留出 6～8 周的时间——你们可能需要改很多次稿。

我最近指导的一份计划书花了我们三个月的时间。那是因为我们决定从头开始，制定一个能说服整个管理团队的商业战略。这需要我们开很多次有组织的会议。一旦商定战略，我们就可以围绕它更快地制订计划。

工具

现在，知名银行或独立提供商（例如 Business Plan Pro）推出了不少智能软件。这些软件提供了商业计划书的框架，指导你完成整个流程，确保损益表、资产负债表和现金流预测（见第 7 章）彼此一致。你可以上网搜索"商业计划书软件"，仔细了解一下吸引你眼球的软件。

我非常尊重这些软件开发商，我希望他们的产品大卖。但我相信，读完这本书，你会和我一样，更愿意遵循书面指南，而不是预先编程的（通常很昂贵的）电子程序。

最重要的是，我相信没有任何一款软件能从本书的角度来满足投资人的需求。此类软件也不会提供本书第 3 章、第 7 章和第 8 章中的预测需求或评估风险的创新工具。

撰写基本商业计划书所需的唯一工具是现成的文字处理和电子表格应用程序，如 Microsoft Word 和 Excel，可能还会用到演示应用程序，如 PowerPoint，以及这本书。

内容

我看过一些商业计划书撰写指南，它们建议，计划的内容应根据业务具体情况进行调整。

事实并非如此。内容应根据投资人的需要进行调整。投资人希望以有序和可预测的方式对风险和机会进行评估，具体如下：

- 你的业务——现在和将来，哪些市场细分能带来最大的利润？
- 市场需求——哪些因素影响消费者购买你们的产品？
- 竞争——你和同类厂商间的竞争有多激烈？竞争是否会加剧？
- 你的策略——你的公司在业内处于什么地位？你有什么战略来提升地位？
- 你的资源——在实施战略时，你会部署哪些资源？
- 你的财务和预测——你的预测是否真实地反映了外部市场趋势和内部竞争力？
- 风险和敏感性——你预测会出现哪些主要的风险和机会？各个风险和机会发生的概率和影响有多大？你的财务预测对不利环境有多敏感？

就是这么简单。这些就是投资人需要知道的。其他都是细节。

这七个方面的分析构成了一份商业计划书的基础，我们将在第 2～8 章中详细介绍。

以下是任何商业计划书都必须包含的内容；第 1 章之后的章节名称和编号与本书的安排一致：

1. 执行概要

2. 业务

3. 市场需求

4. 竞争

5. 战略

6. 资源

7. 财务和预测

8. 风险、机遇和敏感性

9. 结论

附录

许多商业计划书都没有关于竞争的章节，只是在"市场"部分象征性地写两段关于竞争的文字。这会使投资人高度怀疑：在没有竞争反应的情况下，未来的财务业绩如何呈指数级增长？有这种可能性吗？

一些计划书在分析市场和竞争格局之前讨论公司的战略和资源。这是一种危险的做法。公司的存在是为了服务市场，而不是相反。

其他计划书有关于生产设施、销售和营销、IT、员工、管理等内容的单独章节，而不是把它们全部归为"资源"，否则会使计划书中"堆满"数据。这很危险。投资人需要知道故事情节，从而判断是否值得投资。他们不想迷失在成堆的信息和数据中。关于资源的详细信息最好以附录形式呈现。

一些商业计划书指南也会落入这个陷阱。我见过一本指南用大量篇幅讲解排版，而不是市场需求。另一本指南用了一整章讨论市场营销，而不是市场需求，这会让投资人的主要关注点偏离应该关注的方向。投资人知道，营销问题是可以解决的，但市场问题不能。还有一本指南没有关于竞争格局的章节，只有关于竞争优势的章节。也难怪商业计划书撰写者会感到困惑。

我再说一遍：本书提供的商业计划书面向投资人量身定制。在过去的近30年，我一直在为投资人们提供建议，帮他们分析是否应该投资某个商业计划。我知道他们期待什么、需要什么。

附录

附录是个好东西：繁杂的内容可以被分流，使计划书的主体脉络清晰。所有用来证明结论的细节都可以汇集在这里：产品描述和图片、按市场细分划分的市场规模和增长数据、竞争对手的销售情况、员工和战略重点、公司的设施（连同照片和工厂布局）、运营、员工、管理层介绍、组织结构、销售和营销团队、广告宣传等。

但不要把无用的"垃圾"放到附录中，只需要能为你的商业案例提供证据以及能让投资人更加信服的细节。

不让投资人必须阅读附录。投资人只在需要的时候使用这些信息。附录中的所有内容都须在计划书正文中简要呈现。

长度

整个计划书大约占据 25 ～ 30 页 A4 纸，最多 35 页。关于市场需求、竞争和战略的章节应占 3 ～ 4 页；关于资源和财务预测的章节可能更长一些，每章 4 ～ 6 页。次要章节，第 2 章和第 8 章，每一章只占两页。结论必须简洁精练，最好半页。

附录的页数取决于你需要多少进一步的信息或证据来说服投资人。

除了标准的 A4 商业计划书，你还可以使用 PowerPoint 演示文稿。PPT 最大的优势在于，如果处理得当，它能让叙述简明扼要并遵循清晰可见的故事情节。其主要的缺点是，许多企业家和中小企业管理人员无法熟练地使用 PowerPoint 撰写商业计划书，向投资人展示令人信服的案例。

如果你打算聘请战略顾问，PPT 会是他们的首选格式。我也是。但我有几十年制作 PPT 的经验，它是我的工作。

我的建议是，根据你和投资人的习惯选择计划书的格式。如果对象是银行家，最好用 A4 纸。

撰写过程

多个人共同撰写有风险。想想看，你刚刚花了一个上午的时间对"预测"章节做了最后的润色，这时，你收到了同事发来的邮件，附件是对"预测"章节先前草稿的详细修改。一想到要把所有这些修改重新输入最新的草稿，你就无比沮丧。

解决方法是：团队领导掌控主稿并严格区分文件名。团队领导发布的每一稿都应该有编号和日期，因为同一章节可能在一天内有两三份草稿。团队成员审阅过的每一稿都应当签名。

比如，团队领导发布的章节草稿名为"bizplan.ch7.v4.18Sep15"。晚上，团队成员 Joe Bloggs 对其进行审核，审核后的文件名为"bizplan.ch7. v4.18Sep15.jb"。第二天上午，团队领导再次审查并发布最新版本，名为"bizplan.ch7.v5.19Sep15"。

也许有点官僚，但是有了命名制度，就能避免在最后期限临近时由于搞乱文件而抓狂。

中小企业的计划书

在写本书的第1版时，我有一个疑问：中小企业的计划书更像大型企业的计划书，还是更像初创企业的计划书？

答案很简单。

无论企业发展到什么阶段，无论其规模大小，当前的营业额是1 000英镑、10万英镑，还是1亿英镑，计划书的结构都应如上文所叙述的那样。

投资人想知道哪个市场细分有利润，市场需求走向，竞争对手的优势，你的竞争优势，你将部署哪些资源（包括管理和营销），你的财务前景如何，有何风险、机会，以及这些预测的敏感性。

投资人想知道所有这些问题的答案，不管你的企业规模有多大。所以你的计划书应遵循本书建议的结构。

我也许过于简单化了。事实上，大型企业要撰写一份清晰、简明的商业计划书需要做更复杂的工作。

大型集团由许多独立的公司组成，每个公司都有自己的损益表，都可能拥有可观的营业额。每个公司服务于许多不同的产品/市场细分，其中一些的利润较其他的高。

为大型企业撰写计划书的困难在于，撰写者需要把重点放在那些对投资人至关重要的业务和/或市场细分上，把那些不那么重要的业务归为附录。

一家公司目前的营业额为10万英镑，预计三年后将达到27.5万英镑。现在，公司扩张的时机已经成熟，投资人们可能正排着队等着参与进来。

但如果该公司属于一家营业额1亿英镑的大集团，那么它很可能被归入附录。投资人们，尤其是银行家们，会更加关注集团内那些当前营业额为

9 990 万英镑的公司的前景。

你已经作了必要的研究，你已经理清了整个过程，你已经做好了充分的准备。在此之前，你明确了编写计划书的目的，并了解了结果应该是什么样子。

你明白你的商业计划书是给投资人看的，结构和内容都将根据投资人的需要而设计。现在，我们可以动笔了！

第 2 部分

撰写计划

2

第 2 章　业务

"单有愿景是不够的，你还必须冒险。仰望梯子还不够，我们得走上去。"

——瓦茨拉夫·哈维尔（Vaclav Havel）

本章要点

- 背景
- 按部门划分的业务组合
- 初创企业的市场细分

计 划从这里开始。你已经做好准备向投资人介绍公司的基本情况：主要
业务、服务对象、宗旨和使命、业务地点、合作伙伴，以及愿景和
战略。

如果你的公司是一家成熟企业，你也可以简单地描述一下公司到目前为
止的业绩。如果是一家刚起步的公司，则简要说明你们将如何建立持续的竞
争优势。

本章的其余部分与市场细分有关。你将向读者介绍与你的企业相关的产
品和市场。后续章节将对每个部分进行深入分析，因此从一开始就正确地切
分非常重要。

你应该在本章，也就是第 2 章详细介绍企业背景，而不是将其放在你的
第 1 章，即"执行概要"部分（本书第 9 章将讨论"执行摘要"）。不过，
背景内容也不能太多。记住，你的计划书是一份简短、清晰、有力的文件，
目的是吸引投资人。这里不需要任何动听但无意义的话。

背景

在这个部分，你要向投资人介绍你的企业，清楚而简明地阐述推动企业
发展的因素。我们将从以下五个方面进行讨论：

- 简介
- 目的和目标
- 战略
- 资源
- 财务概况

简介

用一段话的篇幅介绍企业概况。如果是初创企业，则介绍你的商业提案。
这是你计划书第 2 章的第一段，但读者之前就会看到它——它将一字不

差地出现在第 1 章，作为"执行摘要"的第一段。

这是因为所有重要信息都将在那一段呈现，包括：

- 你是谁——公司名称（或代号，如果是机密计划）
- 公司的主要产品或服务
- 公司服务的主要客户群
- 公司的总部、其他业务地点和销售地点
- 在营收和营业利润率（营业利润除以销售额）方面的业绩（标注年份）

让我们再来看看达特谷酒店和东方温泉浴场的执行摘要的开篇段落：

> 达特谷酒店和东方温泉浴场（以下简称"达特谷"）是一个与众不同的度假胜地。它坐落在南德文郡，俯瞰壮美的达特河谷。在这里，游客们可以领略充满东方风情的客房、美食和水疗服务。酒店有 17 间客房；温泉浴场和餐厅也对日间游客开放。酒店 2014 年的营业额为 51.3 万英镑，自 2012 年以来每年增长 36%，2015 年的营业利润率有望超过 20%。此外，酒店还将投资 105 万英镑扩建 16 间客房和一个游泳池，到 2019 年，销售额将翻一番，营业利润率将提高至 34%。过往的数据表明，投资有望带来可观的回报，足以抵御成本超支或入住率增长缓慢的风险。

这就是你现阶段所需要的全部内容：对企业和计划进行电梯演讲式的介绍。

接下来，你需要从目标、战略、资源和财务状况等方面，简要说明企业的发展。不需要单独介绍历史，但所有这些部分都应当体现与公司现状有关的重要里程碑。

目的和目标

我们可以无休止地讨论一个企业要如何有策略地、清晰地阐明其愿景、使命、目标、宗旨、目的、价值观、信念、原则等。

理论上没问题，但在现实中，当你想厘清所有定义上的细微差别时，当你完成所有无益的、琐碎的分析时，你的商业计划早就过时了！

这是一个基本指南，99%的中小企业都不必为这些细枝末节所困扰。

所以你只需要写：目的和目标，然后画上句号。

目的是企业的理想状态，用文字来描述。目标是一个是否有助于衡量目的实现的指标，通常以数字形式呈现。

你的一个目的是让你的企业成为英格兰北部最以客户为本的服务供应商。支持这一目的的目标可能是，在2018年的年度客户调查中，"高度满意"的客户比例达到30%，到2019年达到35%，到2020年，"满意"的客户比例达到80%或更高。

或者，你的目标是在某个领域中，成为英国市场的领导者，到2018年占有40%的市场份额，到2020年达到45%。

目的是方向性的，目标是具体的。你可能会遇到SMART这个有用的缩写词，它代表具体的（S）、可衡量的（M）、可实现的（A）、相关的（R）和有时限的（T）。

最好的目标确实符合SMART原则，比如上面这个例子：具体的（该领域的市场份额目标）；可衡量的（你订阅的市场调查将显示是否达到40%）；可实现的（现在已经达到33%，且你的新产品很受欢迎）；相关的（市场份额是衡量战略进展的有效指标）；有时限的（2018年）。

你可能会问，其他的条目呢？它们是否也应该纳入计划书？假设投资人想知道公司的使命是什么（不太可能，但也不是完全没可能），要怎么办？你可以这样做：

- 使命——理论：是什么让你的企业在众多竞争对手中脱颖而出；实践：你可以把它当作一个目标。
- 愿景——理论：未来想成为怎样的企业或实现怎样的理想；同样，你可以把它当作一个目标。
- 宗旨——同上。
- 价值观——理论：一套信念和原则。当企业面临道德、伦理、安全、健康、环境或其他与价值相关的要求，而这些要求可能与"股东价值最大化"的目标相冲突时，这套信念和原则将指导企业如何应对；实践：大多数中小企业都有明确的价值观，但只有在其与"股东价值最大化"的目标严重冲突时，才应将其纳入商业计划书，然后将解决方案作为一个单独的目标。

创业之初，你的目的和目标是什么？达成了吗？它们如何随着时间的推移变成了今天的样子？在这个部分，你应该对上述问题进行简要描述，尤其是当这些目的和目标与计划书中的问题相关时。

如果你的公司是一家初创企业，你要说明你的目的是什么，以及你为达成这些目的设定了哪些 SMART 目标。

重要提示

投资人期待看到明智的目的和符合 SMART 原则的目标。

战略

在这个部分，你要展示公司的竞争优势，以及你用来维持和加强优势的战略。我们稍后会更详细地讨论战略及其定义（见第 5 章），此处只需要简要陈述公司如何在未来保持竞争力，包括如何应对不利情况。

如果你的企业刚刚创立，你要如何在目标市场建立可持续的竞争优势？

资源

你将在计划书的第 6 章详细描述公司部署的资源。在这里，只需要用 3 ～ 4 段的篇幅提炼出精华。

随着时间的推移，所部署的资源有何变化？在这里，时间表对读者最有用。作为投资人顾问，我很多时候会跳过本节的内容，只看时间表。因此，它必须清楚地展示公司历史上对资源有影响的主要事件。

时间表所列资源包括：

■ 主要业务基础设施的位置和规模，如总部、制造工厂、配送仓库、IT 中心等。

■ 重要的里程碑式事件，如雇用第 100 名员工、聘请法国代理、成立美国子公司、专利申请或获批。

■ 关键人物加入或收购其他公司。

如果你正在创业，你需要回答几个基本问题：总部设在哪里？你需要什么空间、什么有形资产、多少员工、什么系统？由谁来管理？

你要写一段关于管理团队的内容。众所周知，投资人支持的是人，而不是企业。投资人想知道主管运营、销售、营销和财务的人，以及你作为总经理，有什么资质。他们还想知道在过去几年里，管理层的变化如何影响业绩。

如果目前只有你们公司从事此业务，作为专营商，你有什么办法来推广此业务？除了提出商业概念外，你还会贡献可转移的经验和能力吗？

最后，你还应该加一两句话，说明企业所有权和治理情况的变化。如果所有权和治理情况不复杂，那么一段概述就足够了。复杂情况将在第 6 章中详细讨论。

财务概况

在开头的段落中，你已经列出了最近一个财政年度的营业额和营业利润率。在这里，你需要总结最近的财务情况，展示公司或其市场的关键动态对财务的影响。

同样，在这个阶段，只需要细化到损益表中的合计数字（最好是销售和营业利润率）。资产负债表和现金流量数据可以留到第 7 章详细说明。但有一个例外：如果近几年某项重要的资本支出影响了业绩，你需要在这里说明。

如果你的公司是一家初创企业，则此处没有销售记录。但你肯定会产生一些成本，可能是自筹资金，这里是总结这些成本的好地方。你也可以详细说明你和你的合伙人到目前为止投入了多少时间。

按部门划分的业务结构

你的业务结构是怎样的？你的企业提供哪些产品或服务，服务哪些客户群体？哪项业务最重要？

投资人可不想浪费宝贵的时间。他们想集中精力评估你的业务中最重要的部分。考虑一款只占你销售额 1% 的产品的价值毫无意义。他们想了解贡献 80% 销售额的产品。

重要提示

专注于与投资决策最相关的部分。这些是在计划期内对你的营业利润预测贡献最大的因素——投资人最关心的市场细分。

企业很少只向一个客户群提供一种产品（或服务，以下简称为"产品"）。大多数企业为许多不同的客户群提供许多不同的产品。

如果没有同类产品与之竞争，那么这种产品就是独特的。一些竞争对手提供你所有的产品，其他对手专门从事其中的一两项。还有一些公司与你的企业重合的产品或服务可能只有一项，它仅仅是该公司其他不相关业务的副产品。

如果一群客户具有不同于其他客户的购买特征，并且可以通过独有的营销途径联系到，那么这个客户群就是独特的。

因此，定义一个客户群的可以是他们的身份（如休闲或商务客人，年轻人或老年人，或者受教育程度不同的群体），他们所从事的行业（如 B2B 企业），也可以是他们所在的地点（如城镇或郊区、地区、国家），或者接触他们的营销渠道。

提供给不同客户群的每一种不同的产品都是一个市场细分，用不太专业的商业术语来说，叫做"产品 / 市场细分"，或者更简单地叫做"业务细分"。

如果你的企业向一个客户群提供两种产品，那么你有两个市场细分。如果你始终只有这两种产品，但开发了一个新的客户群，那么你就有四个市场细分。如果推出第三种产品并将其销售给两个客户群，你就拥有了六个市场细分。

你们公司提供多少种产品？有多少个客户群？将这两个数字相乘，就是你所服务的市场细分的数量。

现在，想想哪几个市场细分最重要。哪个市场细分对营业利润贡献最大

（或者，更简单地说，对销售额贡献最大，如果各市场细分的成本构成类似的话）。

这些市场细分会成为未来几年营业利润的主要贡献者吗？

典型案例

Tinopolis 的业务组合

Tinopolis 是一家总部位于拉内利的威尔士语电视节目供应商，主要为威尔士电视台 S4C 制作节目。公司在 2000 年至 2010 年间成长为英国最大的独立电视制作公司，其增长很大程度上是通过收购实现的。Tinopolis 先后收购了 Mentorn（该公司制作 BBC 的 Question Time 节目），Sunset + Vine（体育媒体公司，节目包括 BBC 的 Grand National 和 2014 年在格拉斯哥举办的英联邦运动会），Video Arts（约翰·克利斯创办的互动企业培训公司），Pioneer（真人秀公司，在美国制作过多档成功节目），以及美国著名的制作公司 A. Smith & Co 和 BASE。此外，Tinopolis 还将业务扩展至电子学习和其他交互式数字内容，以及动画。

2014 年，Tinopolis 的收入超过 2 亿英镑，税前利润达到 3 000 万英镑，七年内增长了 15 倍。为 Tinopolis 撰写商业计划书的挑战在于，不仅要分析未来 3 ～ 5 年内增长最快的领域，还要关注几个稳健的领域，例如威尔士时事和体育节目，因为它们才是增长的基础。

这是你需要在计划书的第 2 章简洁列出的内容。很多计划书没有提供此类信息。即使有，也只是一个按主要产品，甚至按地区或国家划分的销售额饼图，它们往往遗漏了：

- 按产品 / 市场细分划分的销售额，也就是卖给特定客户群的特定产品的销售额。
- 过去一段时间内（比如三年）的上述信息。

我们来举一个简单的例子。你的公司生产小部件，有小、中、大三种规格，产品销往英国和法国，用于制造业、工程业和建筑业。那么，你们有 $3 \times 3 \times 2 = 18$

个产品 / 市场细分。

目前，你们最大的市场细分是供应英国工程市场的大型部件，占销售额的 40%。紧随其后的是供应英国工程市场的中型部件，占 25%，接着是供应法国制造市场的大型部件，占销售额的 15%。这三个部分一共占了 80% 的销售额。剩下的 15 个市场细分只占销售额的 20%。

在绝大部分商业计划书中，此处会有两个饼图，其中一个显示按产品规格划分的销售额，另一个显示按国家划分的销售额。这些都是投资人很乐意看到的有用信息。

但更有用的是显示产品 / 市场细分的饼图。它告诉投资者：一个单独的市场细分占销售额的 40%，另一个占 25%。

投资人会表示，在 25～30 页的计划书中，他们最关注的是其中一个领域的市场需求、竞争和战略趋势。不是供应所有市场的大型部件，不是供应中型部件，不是供应整个英国或法国，或者欧洲的工程市场、英国的建筑市场，而是供应英国工程市场的大型部件。

工程客户与建筑客户对需求的影响不同。英国所处的经济周期阶段与法国不同。法国的工程公司有不同于英国公司的解决方案，更多地使用中型而不是大型部件。相比大型部件生产商，小型部件生产商数量更多，且拥有更灵活的短期生产设施。

这样，投资人就会知道一个产品 / 市场细分（供应英国工程市场的大型部件）对你的企业最为重要。这一信息将让他们受益。

那么未来呢？或许你准备推出一款为英国航空航天业量身定制的超大部件，如果一切顺利，三年后它可能占到销售额的 20%。所以，让我们在第一张饼图旁边再放一张饼图，上面是三年内主要产品 / 市场的销售预测数据。

当投资人读到计划书的其他部分时，他们自然会关注关于"超大部件如何让英国航空航天业受益"的分析。

总之，在业务背景部分，我们需要对业务组合中现在和将来最重要的内容进行细分，告诉投资者哪些产品 / 市场将会决定你的成败。

典型案例

诺基亚的业务组合

从生产胶鞋到成为世界上最大的移动电话生产商，诺基亚的发展令人惊叹。而后，在智能手机竞争中落后于苹果 iPhone 和谷歌 Android 平台的诺基亚在 2013 年将其手机业务出售给微软，目前的主要业务是电话基础设施。

诺基亚在 19 世纪从事纸浆工业，后来转向橡胶制造和电缆。"二战"后，集团业务进一步多元化，涵盖从纸张到消费电子产品，再到轮胎和通信设备等多个领域。可以想象，在 20 世纪 70 年代初，为诺基亚制订一份商业计划有多么困难——单是列出产品/市场细分就是一项挑战，更不用说对每个市场细分进行分析了。但有一件事是肯定的。生产笨重的"车载无线电话"不是主要业务，它可能会被归入财务预测中的"其他业务"类别。计划书的大部分篇幅将集中在纸张、轮胎、军事通信等关键领域上。

到 20 世纪 80 年代末，诺基亚推出一款相对轻便的手持手机，这项业务可能仍被认为是一个利基市场，只有雅皮士才负担得起。到 21 世纪头十年末，诺基亚已成为全球最大的手机生产商，所有其他业务部门早已剥离。公司业务根据产品系列、客户类型和地理市场进行细分，全部与手机有关。但如今，所有这些都已成为历史。

市场细分是可变动的，其取决于对每个市场细分当前贡献的静态分析。一切都变了，但远不如芬兰埃斯波的那家前纸浆公司变化那么大。

初创企业的市场细分

初创企业同样需要细分，除非你只打算向一群客户推出一种产品或服务。但是你确定你只有一种产品、一个客户群吗？

尝试对你的产品和客户进行分类。进一步细分有意义吗？如果有，就分。如果没有，不要为了显得严肃而浪费时间，就专注于提供给一个客户群的一款产品，即只有一个业务部门。

但有一点不同于成熟企业：无论你如何细分，无论你识别出多少个客户群，他们目前都还是构想。

你还没有客户。

无论你的产品或服务听起来多么吸引人，没有客户，投资人都不会感兴趣。

你的产品必须与客户的利益挂钩。这就是商业主张。

不是要阐述你的产品或服务可以以这样的价格做到这样或那样，而是要说明你的产品或服务如何使目标客户受益。这才是投资人想要看到的。谁是目标客户？他们将如何从你的产品或服务中受益？

这只是一个市场细分。其他呢？

细分是你的商业主张的核心。也许正是在细分的过程中，你发现了一个利基市场，在这个市场中，只有你的产品能给客户带来利益。从那以后，你就开始定制你的产品以满足这个市场细分，这就是使目标客户受益。

这里有一个稍微不同的视角。你的产品和服务是否满足了市场上一些"未满足的需求"？它是否填补了目标客户需求的空白？威廉·布里奇斯（William Bridges）在他的著作《创建你和你的公司 —— 学做你人生事业的 CEO》（*Creating You & Co*，珀修斯图书集团，1997）中强调，这是新企业成功的秘诀之一。他说，"未满足的需求"就像一幅拼图中缺失的一块，比如一个未被发现的机会、一个未被充分利用的资源、一个信号事件、一个不被承认的变化、一个被认为不可能的情况、一项尚不存在但有需求的服务、一个新兴问题、一个瓶颈、一个接口或其他类似的迹象。

无论你如何定义客户利益，无论是未满足的需求还是以更有意义的方式提供你的产品和服务，投资人都需要看到它存在的证据。他们想要尽可能接近证据。

他们不会真的得到证据——没有任何投资是没有风险的——但他们可以合理地期望你进行一些基本研究，以尽可能挖掘出有关客户利益的所有证明。我们将在下一章（"市场需求前景"）中讨论这个问题。

基本案例研究
达特谷酒店和东方温泉浴场商业计划书，2015年

第2章：业务

达特谷酒店二期扩建计划书的起草工作被委托给所有人之一迪克·琼斯。他此前做过管理顾问，知道如何撰写此类计划。他的太太凯负责检查合理性并审核计划。

迪克十分重视开头的段落，他知道，这也是执行概要的第一段。他打算最后写执行概要。

正如本章开头所述，迪克对起始段落很满意，并开始继续撰写背景部分，详细介绍达特谷是如何发展到今天的：

- 目的和目标。他认为，这个部分没有多大变化：酒店最重要的目标始终是创造一个带有东方气息的优美环境，为游客提供独特而又难忘的体验。最初的目标只与入住率相关，现在加上了回头率目标。

- 战略。在过去的12个月里，随着入住率达到健康水平，早期"牺牲平均房假以最大限度地提高入住率"的战略变成了"根据需求定价"。但二期扩建后新增了16间客房，对入住率提出了新的要求。

- 关键日期。迪克回顾了过去的几个重要事件，比如员工招聘，新预订系统上线，温泉浴场开业典礼，入住率第一次达到100%，第一笔团体订单（超过10间）和15号房水管爆裂。

- 财务概况。迪克解释了为什么2010—2011年度的重大翻新工程超出预算17%，以及达特谷的损益表如何在开业几个月后稳步增长至满意的水平。

然后是业务组合和市场细分。迪克知道，这部分必须仔细。他的公司规模很小，也很年轻，过于复杂的细分毫无意义。

达特谷酒店经营三类产品，当前的收入细分如下：

- 住宿（64%）
- 餐饮（16%）

● 温泉（20%）

迪克认为这是有效的产品细分，企业在每个市场细分面对不同的竞争对手。但市场细分没那么简单。客人的分类方式有很多种，例如，按目的分类（如休闲、康乐、商务），按入住时间分类（过夜、日间），或者按国籍分类（上个季节有大量荷兰客人）。

如果迪克按目的对客人进行细分，他将有三种产品分布在三个市场，最终得到九个产品/市场细分。

如果他按入住时间或国籍进行细分，他将拥有六个产品/市场细分。无论如何细分，迪克的预订系统都能为他提供他所需要的客人数据，大约75%的客人为了休闲，85%的收入来自过夜客人，80%的客人是英国人。但是，迪克想知道，这有什么意义吗？

因此，按产品/市场进行细分似乎没有必要。迪克决定暂时按产品进行简单的细分，将达特谷的业务分为三个部分。

企业基本要素清单

从以下五个方面向投资人介绍公司的基本情况：

● 简介——也是执行概要的第一段；

● 目的和目标——记住 SMART 原则；

● 战略——你的可持续竞争优势；

● 资源——资源积累的时间线可能会有所帮助；

● 财务概况——近期的销售额和营业利润率。描述你现在和未来几年的业务组合。告诉投资人你的哪些产品或服务卖给哪些客户群。换句话说，哪些产品/市场细分会影响你的商业计划。

3

第3章　市场需求

"经济预测的唯一意义是使占星术看起来值得尊敬。"
——约翰·肯尼思·加尔布雷斯（John Kenneth Galbraith）

本章要点

- **市场规模**
- **市场增长**
  - 信息网
  - HOOF 需求预测法
- **初创企业的市场需求**
  - 试销
  - 估算你的潜在市场
- **市场需求风险与机遇**

市场需求分析必须出现在商业计划书的前半部分，无论你的公司是一家初创企业还是成熟企业。这是计划的关键。

你所服务的市场中还有其他生产商或服务提供商。无论现在还是将来，这个市场必须有足够的规模来支持你的业务，以及你竞争对手的业务。

如果你的产品或服务没有足够数量的买家，你就无法实现计划。

投资人首先想知道的是，这些买家是谁，他们现在买多少，付多少钱，他们为什么买，是什么在影响他们，这些影响会如何变化，以及他们将来可能会买多少。

他们想知道你每一个主要业务部门的所有信息。

如果这一章令人信服，你可能会获得投资。否则投资很可能落空。

我见过很多商业计划书，其中的市场需求分析被模糊处理、边缘化或压缩成几个段落，而用大量篇幅介绍公司的明星产品或服务及其市场定位。

其中许多计划是为出售一家公司。潜在的投资人要么放弃，要么报价极低。

投资人想看到清楚、简洁的市场需求分析。如果市场需求前景不佳，不管是持平还是小幅下降，都要实话实说，不要掩盖事实。

如果投资人自己发现现实与计划书中所呈现的不一样，你将失去这笔投资。

投资人无疑更愿意投资一家市场不断增长的企业。然而，在一个下滑但逐渐稳固的市场中投资赢家也能创造财富。

有一点要说清楚：本章讨论的需求不只是对你的产品或服务的需求，还包括所有与你竞争的产品或服务供应商。本章着眼于市场的总体需求。

任何市场都是由需求和供给组成的。当需求和供给达到平衡时，对所有攸关方来说都是好消息。当需求超过供给时，对供应商是件好事——尽管这种情况通常只会持续一段时间，很快就会有新的供给或供应商出现。当需求下降、供过于求时，对供应商来说是个坏消息。

你就是供应商之一。我们将把这些基本原理应用到你所服务的市场上：本章探讨市场需求，下一章分析市场供应。我们会评估市场需求的规模，并预测未来几年市场需求的走向。

投资人会想知道如果情况不如预期，他们将承担怎样的风险；如果情况好于预期，他们又会有什么机遇。

市场规模

你们公司的目标市场有多大？

如果你的公司叫特易购（Tesco），你会聘请一家市场研究机构作调查。你会定时收到 IT 数据、有关英国零售市场总体规模的实时数据，以及自上一段时间以来的增长情况，并被告知你原本 30% 左右的市场份额是上升还是下降。

多数大公司都是如此。

许多中型企业与利基市场研究机构或行业协会有着类似的关系。这些年来，我曾涉足一些模糊的利基市场，我常常见到营业额只有几百万英镑的公司定期从一些独立研究机构获得有用的市场数据。这些机构也服务上述公司的大多数竞争对手。

但对于小公司来说，获取这些数据的成本可能非常高昂，有的无法获取直接相关的数据，甚至数据根本不存在。

而投资人想要估算市场规模。很不容易。

他们想知道你是小池塘里的大鱼，还是大池塘里的小鱼。假设你是一条生活在小池塘里的大鱼，投资者会希望你能保护自己不受其他水域的动物的伤害。

你得试一下，自己作个估计。

也并不是那么困难。很多年前，我开发了一套自下而上的市场规模评估流程，我称之为"Marketcrafting"。这些年来，我经常用它来帮助小型企业的创业者或管理者。如能正确使用，它将能发挥大作用。

它有两方面的用途：提供市场需求规模评估和增长所需的基础数据（商业计划书的第 3 章）和行业供应基础数据（第 4 章）。

它们非常相似。肯定它、接受它、完成它——投资者会因此而感谢你。Marketcrafting 有七个主要步骤：

1. 选择你的主要竞争对手，那些你经常与之竞争的、和你共同参加展会的对手。不要忘记国外的竞争对手，尤其是来自低成本国家的对手。

2. 从对手A开始，问一系列问题：你认为他们在这个市场中的销售额高于你还是低于你？如果低，大概低多少？你的1/2还是3/4？如果比你高，大概高多少？10%还是3/4？是否有任何公开的信息可以指导你的评估（如果A是一家私人公司，那么你不太可能获得它在该市场的销售数据，但将就业数据作为参考）？客户告诉你什么？供应商呢？

3. 如果你目前的销售额为100，给竞争对手A分配一个适当的数值。如果你认为他们的销售额低于你，但没有低太多，比如10%，那么就给他们分配数值90；如果你认为他们的销售额高于你，比如多50%，那就给他们分配数值150。

4. 针对步骤1中列出的每一家竞争对手重复步骤2和步骤3。

5. 还要考虑你没有提到的其他竞争对手，例如那些小的或者只是偶尔出现的对手，也给他们分配一个数值。如果你认为所有这些竞争对手加在一起的销售额是你的1/2，那么给这个"其他"类别分配数值50。

6. 把所有数值加起来，包括你自己的100，用总数除以100，再乘以你的销售额，这就是你对市场规模的初步估计。

7. 让你的销售主管完成同样的练习。让她和曾经在A公司销售团队工作过的人谈谈，再找到前男友在对手公司B的研发部门工作的女孩聊几句。然后听听你的运营总监和研发主管的意见。无论他们的看法和你有多大分歧，都要讨论并完善这些数据。你现在已经有了一个合理的市场规模估计。

Marketcrafting不是一个精确的过程，也不能保证最终的数字非常接近现实，但它总比什么都没有要好得多，因为这些结果可以作为商业战略和规划的四个关键参数的参考。

- 市场规模（如上所述，但不可否认非常接近）
- 市场份额。一旦你"知道"了市场规模，你也就知道了你的市场份额（即你的销售额除以估计的市场规模）。你还可以估算每个竞争对手的市场份额。

- 市场增长。重复上面的七步骤来估计你三年前的市场规模。例如，竞争对手 A 在三年前，也就是他们的新仓库投入运营之前，在该市场上的销量比你多还是比你少？你现在有两个数据点：今天的市场规模和三年前的市场规模。将这些数据输入你的计算器，计算出三年内的平均复合增长率，这是对近期市场增长的粗略估计。
- 市场份额变化。最棒的是，知道了三年前和今天的市场份额，你还可以估算你市场份额的增减，以及各个竞争对手的增减。这些数据可用于评估市场竞争强度（第 4 章）和你公司的竞争地位（第 5 章）。

所有这些估计都很粗略，甚至还有些极端，但相信我，总比什么都没有强。投资人会对你辛苦推算出的数据留下深刻印象。这些估算结果为投资人的评估提供了依据，让他们能够对你提出问题，在网上或通过电话进行核实。

最重要的是，他们可以从这些结果出发，作出自己的估计。

要注意，市场规模必须是你所在市场的规模。比如你在布里斯托尔的一个偏僻的商业街开了一家熟食店，你就不能把英国杂货市场作为你的目标市场来计算规模。乐购可以这样做，你不行。

最后，这里有一个利用 Marketcrafting 推导结果的简单示例，改编自我几年前工作过的一家工程公司（见表 3.1）。

表 3.1 Marketcrafting：示例

竞争对手	估计的销售额（最近一年 / 万英镑）	推算出的市场份额 /%
本公司	=100	17
竞争对手 A	120	21
竞争对手 B	85	15
竞争对手组 C	125	21
竞争对手组 D	65	11
竞争对手 E	30	5
竞争对手 F	20	3
其他	40	7
总计	585	100

公司在这一市场细分的营业额约为 3 000 万英镑，因此市场规模估计为

585/100 × 30，约合 1.75 亿英镑。公司的市场份额为 17%（100/585），远低于管理层之前所报的 25%。远东竞争对手（C 组）的市场份额虽然重要，约为 21%，但远不及贸易新闻中耸人听闻的 1/3。

当我们再次估算三年前的市场规模，我们发现，市场在信贷紧缩后的衰退期间严重萎缩，降幅达 1/3，即每年约 10%。与此同时，远东竞争对手的市场份额从 9% 大幅增长至 21%，而包括本公司在内的国内企业的市场份额从 20% 降至 17%。

这些都是重要发现。虽然这些趋势是早就知道的，但利用 Marketcrafting 对其进行量化（尽管非常粗糙），能让一些较为大胆的预测变得有意义，还有助于我们将注意力集中在未来的战略挑战上。

Marketcrafting 不仅可用于市场研究公司无法调查的小公司，也可帮助大型企业分析它们的产品细分 / 市场利基。虽然整个公司可能服务一个市场研究公司能够有效覆盖的广阔市场，但一些利基市场细分很可能不在其中，这正是 Marketcrafting 发挥作用的地方——它可以用来衡量市场规模。

市场增长

这是个大问题。你所有主要业务部门的需求都会增长吗？几年后它会变大还是变小？或者和现在差不多？

当然，这不是唯一的问题。同样重要的是（我们会在接下来的两章中看到），你将要面对的竞争以及你如何去竞争。

这都是概率问题。相比一个不断萎缩的市场，你更有可能在一个不断增长的市场中获得成功。

正如商界人士所言："在市场中，顺风比逆风强。"

那么要如何判断市场需求的走向呢？你需要编织你的网络。

信息网

35 年来，我一直在为客户提供市场趋势方面的咨询。过去，你必须给行业协会打电话，给活跃在市场上的公司写信，索要他们的年度报告，去图书馆查阅大量的行业杂志和期刊……

或者你不得不购买一份昂贵的市场研究报告，一份通常与你所研究的市场无关的报告。

现在就轻松多了。你所要做的就是打开笔记本电脑，连上互联网，进入谷歌或雅虎，在"市场""增长""预测"和"趋势"等词条旁边输入你所在市场的名称。

你会发现，谷歌提供了成百上千的网站供你访问。大多数无关紧要，一两个看似有用。你会为在一堆无用的网站上浪费时间而抱怨。但是，想想和以前相比，你节省了多少时间。

你只需要一些耐心和毅力来系统地浏览参考站点。打开 Word 文档，把你在网站上看到的有用的文章复制下来，粘贴到文档中。

你在编织和你的市场有关的信息网。

你可能会搜索到专业市场研究公司的报告。这应该作为最后的手段。有的报告相当不错，可以看出，撰写者与市场参与者和观察人士有过直接接触，但也有太多的报告平淡无奇且昂贵无比，不如自己上网搜索。

试试国家或地区新闻网站，其中许多不需要注册或订阅，可以便捷地访问。BBC 网站（www.bbc.co.uk）是一个内容丰富、着眼全球的资源，不需要花费一分钱。在同样具有国际视野的《经济学人》网站（www.economist.com）可免费搜索一年内的文章，而更早的文章需要订阅。主要的全国性和地区性报纸网站也是不错的资源，比如《卫报》（www.guardianunlimited.co.uk），这是免费的，不需要注册；还有《泰晤士报》（www.timesonline.co.uk）、《每日电讯报》（www.telegraph.co.uk）、《独立报》（www.independent.co.uk）、《西部邮报》（www.icwales.icnetwork.co.uk）、《苏格兰人报》（www.scotsman.com）和《爱尔兰时报》（www.irishtimes.com），其中一些需要注册。《金融时报》网站（www.ft.com）提供丰富的金融、公司和市场信息，但搜索旧期刊需要订阅。

你也可以通过访问公司网站来了解你市场中的公司。规模较小的公司往往只把网站当作展示产品或服务的窗口，另一些公司会提供有关市场走向的信息片段，比如一份新闻稿，概述了首席执行官最近在一次贸易会议上的讲话。

上市公司会附上他们的年度报告，你可以从中找到董事长或首席执行官对市场趋势的看法。

另一个很好的市场信息来源是在线行业杂志。通常情况下，其中会有一部分向公众开放，不需要订阅（订阅很昂贵）。例如，如果你从事汽车行业，你可以查询 www.automotivenews.com。如果你做葡萄酒生意，你很幸运，试试 www.wine-spirit.com。无论你从事哪个行业，都一定会有一本在线行业杂志。

典型案例

英国丛林冒险活动 Go Ape 的市场需求

20 年来，基于活动的度假市场一直在稳步增长。推动这一增长的因素包括个人可支配收入增加和度假收入弹性较高。这些因素使人们在一年内多次度假。久坐不动、体重超重让人们越来越注重健康和健身。电子游戏（最久坐的休闲娱乐活动）中的极限运动提高了人们对刺激肾上腺素的活动的认识和参与度。

欧洲市场可以按地理位置、提供的设施、目标年龄组和预期停留时间进行划分。领先的运营商包括 PGL、金斯伍德的博蒙特营地（Kingswood's Camp Beaumont）和超级营地（Supercamps）。PGL 的英式和欧陆假期针对不满 13 岁的儿童或青少年，为期一周。博蒙特营地和超级营地针对年轻的当日游客。PGL 营地的一个典型设施是高空滑降，它可以让游客从极高的地方安全降落到地面。其他诱人的项目包括攀岩墙、四轮摩托车、绳降、山地自行车、皮划艇和木筏建造。

Go Ape 于 2002 年在塞特福德森林开放，主要专注于一项活动：森林高空滑降，由树顶的木制走道、梯子、桥梁、隧道和着陆网连接。这是一项高品质的小众活动，针对的是 PGL 类型的客户群。活动推出后很快获奖。现在，英国有 28 个 Go Ape 中心，美国有 7 个，2015 年春天新增 3 个。2013 年销售额超过 1 500 万英镑，比 2006 年翻了 8 倍。Go Ape 瞄准了一个不断增长的市场、一个尚未开发的利基市场，并利用其高质量的、易于复制的产品快速获利。

HOOF 需求预测法

许多年前，我开发了一个简单的流程，它能将市场需求趋势和驱动因素转化为预测。我称其为 HOOF 方法。严格来说，应该叫 HDDF，它是四个步骤的首字母缩写。但 HDDF 既不吸引人，也不容易记忆，因此我稍加创作，用圆形的 O 替换了半圆形的 D。

这个名字也让我想起了我执教多年的少年足球队，在那里，孩子们尽最大的努力把球踢进球门，在空中划出一道完美的轨迹，就像产品的生命周期。

HOOF 需求预测法分为四个步骤。只要正确地执行流程，所有事情就都会按部就班地进行，否则你可能会得到一个误导性的答案。你需要对每个主要业务部门应用这些步骤。它们如下：

1. 历史增长——了解过去市场需求的增长情况。

2. 过去的驱动因素——查明过去推动增长的因素。

3. 未来的驱动因素——评估这些驱动因素和其他驱动程序的影响将来是否会发生变化。

4. 预测增长——根据未来驱动因素的影响，预测市场需求的增长情况。

让我们逐一看看这四个步骤，以及相应的示例：

历史增长

第一步，获取一些事实和数据。你可能没想到，用最直接的搜索方式就能知道目标市场的最新增长率。

注意不要过度依赖最新的数字。仅仅因为去年某项服务的需求增长了 8%，并不意味着该市场每年都会增长 8%。最近的一年可能是反常的一年。更早的一年市场可能有所下跌，这才有了后来 8% 的回升。

你应该获取最近几年的平均年增长率，至少三四年。只要没有剧烈起伏（比如在 2008—2012 年的金融危机期间），你往往可以得到一个可用的年均增长率。计算方法是用过去几年的总百分比变化除以年数。如果出现了起伏，你应该在计算百分比变化之前，用三年移动平均线将起伏抚平。

如果目标市场是一个利基市场，那几乎没有可用数据，你仍然可以找到有用的信息。你只需要弄清楚市场是在快速增长、缓慢增长，还是保持平稳，又或是缓慢下降，或快速下降。我们可以把"缓慢增长"定义为"以整体经济的增长速度（即国内生产总值或经济学术语 GDP）增长"。在英国和大多数西方大型经济体中，长期增长率约为每年 2%～2.5%。这个数字扣除了物价因素，也就是说，其是有形的、创造财富的增长。

还要考虑通货膨胀，过去的年通货膨胀率要高得多，但随着时间的推移，近年来的通货膨胀率通常在每年 2%～2.5%。因此，以"当日价格"或"名义价值"来衡量的缓慢增长长期来看大约为每年 5%。如果需要的话，可以从政府统计数据中提取 GDP 增长的实际数据。

过去的驱动因素

掌握了有关近期市场需求增长的信息后，下一步是找出影响这一趋势的因素。影响消费市场需求的典型因素如下：

- 人均收入增长
- 总体人口增长
- 特定市场的人口增长（例如，退休人员或婴儿潮一代，或特定地区的总体人口增长）
- 政府政策的某些方面
- 知名度的改变，可能由于对手高水平的推广和宣传
- 业务结构的转变（例如外包）
- 价格变动
- 时尚，甚至是狂热
- 天气或季节变化，甚至可能是气候变化的长期影响。

如果你从事 B2B 业务，即你的客户是企业而不是消费者，你的需求驱动因素很可能不是上述任何一种，而是与具体业务相关。例如，如果你向卫生或教育部门出售产品，你的主要需求驱动因素很可能是政府政策和公共支出水平。如果你销售个人金融服务，你的一个主要驱动因素是个人金融的复杂性。如果你向工程部门销售小部件，一个主要的驱动因素是客户是否继续采用需要用到特定小部件的工程解决方案。

未来的驱动因素

现在，你需要评估这些驱动因素未来几年会如何发展。某个特定因素会像从前一样？还是会有重大变化？

例如，移民会继续推动本地人口增长吗？政府是否有可能提高地方税？这个市场会退出潮流吗？

会不会出现一个新的驱动因素，一个没有影响过去，但很可能影响未来的因素？

当然，最重要的驱动因素是经济周期。如果你的业务对经济周期相对敏感（用经济学术语来说就是"有弹性"），那么在接下来的一两年里，如果经济形势急转直下，市场对你的业务的需求可能会受到严重影响。如果你的业务相对缺乏弹性，比如，食品行业，那么它就不会受到太大影响。你需要仔细考虑经济周期的阶段和业务的弹性。

预测增长

有意思的来了。你已经收集了关于过去趋势和驱动因素的所有信息。现在你可以把它们编织在一起，加上大量判断，对市场需求作出预测——不是没有风险，也不是没有变数，但这是一个系统推导出来的预测。

让我们以一个为老年人提供新服务的公司为例：

- 第 1 步（H）：你了解到，市场在过去几年以每年 5% ～ 10% 的速度增长。
- 第 2 步（O）：确定主要驱动因素为（a）人均收入增长，（b）老年人口增长，（c）知道这项服务的老年人越来越多。
- 第 3 步（O）：你认为，收入将像从前一样继续增长，老年人口在未来的增长速度会更快，知道这项服务的老年人也会增加。
- 第 4 步（F）：你得出结论：市场会加速增长，未来几年的年增长速度会超过 10%。你会发现，使用简单的图表最有效（见表 3.2），其中清楚地说明了需求驱动因素间的关系，以及这些因素对未来需求的影响变化。

表 3.2　HOOF 需求预测法：示例

新服务的要求推动因素	对需求增长的影响			
	过去几年	现在	未来几年	注释
收入增长	–	○	+	2015—2017年经济持续复苏，国内生产总值（GDP）将以2.0%～2.5%的速度增长
老年人口的增长	+	+	++	到2035年，年龄在65岁以上的人口比例预计将从2010年的17%增长到23%（ONS）
该服务知名度的提高	++	++	+++	国家和地方报纸的报道一直在增加
整体影响	+	+	++	
市场增长率	**每年 5%～10%**	5%～10%	**每年超过 10%**	

H **O**　　**O**　　**F**

关键因素的影响

+++　　非常强烈且积极
++　　　强烈且积极
+　　　　还算积极
○　　　　无
-　　　　有些消极
—　　　　强烈且消极
——　　非常强烈且消极

下面是个反例。许多年前，我和英格兰北部的一家起重机制造商有一些合作，当时需要写一份商业计划草案。在市场需求部分，年轻的作者表示，在任何地方都找不到有关英国市场对起重机需求的数据。为了作出财务预测，他判断起重机市场的实际增长速度与整个英国工程输出的增速相同：经合组织预测为每年 2.4%。

错了！是的，宏观经济需求是起重机市场需求的重要驱动因素。但它只是其中一个驱动因素，还有三四个同样重要的因素。无可否认，关于这些因素没有确凿的数据，但有大量的坊间证据，包括库存减少、二手市场繁荣，以及最重要的，高层建筑业务即将陷入低迷。

所有这些因素都与整体工程产量没有任何关系，它们的综合影响可能使起重机市场在两到三年内以每年 10% 的速度急剧下降，远非预测中的每年增长 2.4%。

这个故事告诉我们，无论是否能找到可靠数据，都一定要将所有因素考虑在内。务必运用你的判断力。

重要提示

HOOF 需求预测法简单又科学。过去需求是如何增长的？增长背后的影响因素有哪些？这些影响会改变吗？未来的需求将如何增长？用辅助证据和正确的判断作为支撑，这个步骤做对了，你就能消除投资人的第一个疑虑。

典型案例

LOVEFiLM 的市场需求

自 20 世纪 90 年代以来，视频点播（VoD）一直是媒体界的理想，而 LOVEFiLM 最接近这个理想。点播是指你打开电视、笔记本电脑或智能手机，向下滚动一个包含数十部、数百部或数千部电影和电视节目的媒体库，点击你选择的节目即可观看。其不受时间、地点和次数的限制。

英国广播公司（BBC）的 iPlayer 和同类商业解决方案满足了部分需求，LOVEFiLM 则提供了你想要的电影数据库。你不需要像以前那样走到录像带出租店，你甚至不需要像购买 LOVEFiLM 最初的核心产品那样，在网上填写订单并等待 DVD 到货（这往往需要好几天）。你可以将电影直接传输到联网电视或索尼 PlayStation 3 娱乐掌机上。与规模更大的美国公司 Netflix 一样，LOVEFiLM 也有巨大的潜在市场需求。

LOVEFiLM 是一家在线租赁公司，成立于 2002 年，有 160 万用户，2011 年以近 2 亿英镑的价格卖给了亚马逊。其视频点播产品于 2014 年并入亚马逊 Prime Instant Video。这是一个典型的企业家在市场上发现未满足的需求并制定满足需求的解决方案的案例。

初创企业的市场需求

这一章可能是所有初创企业商业计划书中最难写的一章。你的产品或服务可能是前所未有的，旨在创造从前无法实现的客户利益。在这种情况下，你要如何定义市场？市场对以前不存在的产品有何需求？市场规模如何？增长前景如何？

另一种情况是，你的创业公司将服务一个成熟的市场，比如达特谷酒店和东方温泉浴场。你的业务是独特的，但你要进入的是一个早已在英国西部活跃的三星级和四星级度假酒店市场。或者你在商业街开了一家精品店，卖高级童装。又或者你和你的伴侣正在创建一个独立的管道公司。

在上述每一种情况下，新企业瞄准的都是一个可定义的、现有的市场。你的产品或服务是新的，但市场不是。因此，可以按照前面几节所述的方法来研究市场。

但如果你的产品或服务是以前不存在的呢？你如何才能说服投资人相信你的产品会有买家，而且是以那个价格购买？你怎么确定你会满足顾客的需要或需求呢？你需要证据。

在前一章中，我们讨论了你的企业满足"未满足的需求"的可能性。你可能已经发现了市场缺口。

这就引出了一个很难回答的问题：这个缺口有市场吗？

你需要证明有。你需要证据。

你必须进行试销。

试销

试销类型取决于你的定位是 B2B 还是 B2C。

如果是前者，那就打个电话，与潜在的企业买家见个面。在电话里简单地介绍你的业务能带来的好处，然后请求见面，以便更详细地说明。这应该不会太难。如果你的业务有优势，那么它至少应该值得潜在客户花 10 分钟的时间。

会议开始时，先探寻客户的需求，尽可能地少说话。然后，慢慢地将讨论引向市场上一个可感知的缺口，在这个缺口中，客户的需求没有得到充分满足。再一次引导客户发现并描述差距。记住，指出差距的是客户，不是你。

你出击的机会到了！告诉客户你的产品如何能够弥补需求差距，它将如何以竞争产品无法做到的方式满足客户的需求，无论直接还是间接，以及价格有多大的浮动空间。

做好会议记录并分析结果。从讨论中得出关键结论，每一个结论都需要有力的证据作为支撑：引用客户的建议并注明姓名，引用媒体上的第三方评论或从网上进一步挖掘数据。编写一份简短、清晰的市场调查报告，它将作为你商业计划的附录 A。这是第一个附录，也是投资人要寻找的最重要的证据。

如果是 B2C 产品或服务，那就在商业街进行测试。找出你的剪贴板，站在阿斯达或维特罗斯超市外面（具体在哪里取决于你的目标客户），和路人交谈。如果你要推出一款产品，就向他们展示。如果是一项服务，就清晰而迅速地解释它的好处。

同样，你需要整理收到的意见，分析它们，得出有力的结论，用引用和数据作为支撑，并把市场研究报告贴在附录 A 中。

估算你的目标市场

试销之后，你需要对市场规模进行评估。想象一下，如果你的产品或服务有很多供应商，整个国家都知道它的存在，那么市场规模会是多少？和你的产品或服务相似的对手产品或服务的市场规模又是多少？你的估计有依据吗？

回答完这几个问题，你就能了解整个市场的情况了。很可能你的产品上市时，市场上就只有你，但没人知道你的存在，你是隐形的。你的可用市场不太可能等同于你的目标市场，除非你做的是在线业务。

投资人需要了解的是你的目标市场——你可以实际接触到的客户，你将在产品上市后的一到两年内把产品卖给他们。

如果你要在伦敦西南边的东辛开一家专业的运动损伤理疗诊所，是不是整个伦敦都会成为你的市场？可能吗？或许答案是有可能，但前提是你成为业内声誉最好的公司，值得客户花一个小时或更多的时间去找你。但这在短期内是不可能的，在中期也不太可能。

你要服务的区域实际上是以东辛为圆心的一个圈，半径约五英里，包括里士满、基尤、巴恩斯、帕特尼、罗汉普顿，南至温布尔登，东至旺兹沃斯，西至特威克南，向北最多延伸到哈默史密斯、富勒姆或奇斯威克。

你可以在网上找到伦敦每个村庄的人口数字。你还会找到全伦敦人按性别、年龄和运动类型分类的平均运动参与率。你可以应用概率计算出任何一年肌肉、韧带、骨骼等损伤的数据，最好再按性别、年龄或运动类型进行划分，初步估算出潜在市场每年有多少人将受益于你的理疗诊所。

但是你的出现，以及快速传播的口碑，会引来许多其他需要理疗的患者，而他们的病症与运动损伤无关。比如一位作者，他的理疗需求和年纪有关。你应该对这类情况作一个估计——在五英里半径圈的一半范围内，每有一个运动损伤的患者，就会有一个非运动损伤的患者。

你可能会想，顺其自然吧。也行，但你已经努力过了。你将向投资人表明，你理解这个概念，并且你已经准备好利用可用数据和分析来缩小可用市场的范围，以为你的初创企业找到一个合适的目标市场。

你将表明，你的目标市场并不是800万伦敦居民，而是每年15 000名潜在的理疗患者。

再说一遍：投资人会尊重你在需求分析方面的大胆尝试。

* 假设，800万伦敦居民 ×5% 在目标市场 ×50% 进行体育锻炼 ×5% 的损伤需要接受理疗 ×1.5 非运动相关的患者 = 目标市场 15 000 人。

市场需求增长如何？如果你的初创企业是为现有市场服务的，你可以使用与成熟企业相同的方法来预测需求。

如果你的企业将开创一个新市场，你可以尝试同样的 HOOF 流程，但在现实中，这不会是投资人的首要考虑，他们更关心新市场能否存续。在开辟和服务新市场之外的任何增长都将只是锦上添花。

重要提示

如果是初创企业，一定要对市场进行测试。打电话或走出去和其他人聊聊；作一些初步的市场调查；收集、领会和分析相关数据；还要准备好接受投资人的盘问，这是不可避免的。

市场需求风险与机遇

现在，你已经对未来几年你的关键业务部门的市场需求可能发生的变化作出了合理的预测。可是，投资人想要知道更多。你评估了最有可能发生的情况，但有没有什么风险会让市场需求低于预期呢？这些风险是什么？会发生什么让情况变糟的事情？风险发生的可能性有多大？

另外，什么事情会让需求比预期的更高？让情况变得更好？这些情况发生的可能性有多大？

投资人对这些风险和机会非常感兴趣。他们会使用你的市场需求预测来评估计划书第 7 章中的财务预测是否合理，然后在第 8 章中衡量预测的所有风险和机遇。市场需求将是第一个被考虑的因素。

找出可能影响市场需求预测的六个主要风险，然后从两个角度进行评估：

- 它们发生的可能性有多大（可能性较低、中等还是很高）？
- 如果发生了，将造成多大的影响（影响较小、中等还是很大）？

现在评估机会。

这些风险或机会当中是否存在"大问题"？我们将"大"风险（或机会）定义为：

- 发生的可能性中等（或很高），影响很大
- 发生的可能性很高，影响中等（或很大）。

有关市场需求的所有重大问题都必须在商业计划书中明确列出。如果风险很大，则必须说明如何应对和减轻其影响。如果存在巨大的机会，则必须阐明你打算如何利用它。

基本案例研究
达特谷酒店和东方温泉浴场商业计划书，2015 年

第 3 章：市场需求

做过管理顾问的迪克·琼斯知道要去哪里找旅游趋势数据。他打开了英国旅游局的网站——对热爱统计的人来说，这是一个名副其实的宝库。他很

快就找到了以下信息：

- 2008 年以来的主要短期推动力是金融危机对国内旅游业的提振，即所谓的"就近度假效应"。这使英国的国内旅游业在 2009 年大幅增长 17%。随后，增幅逐渐放缓。随着宏观经济两次下滑，旅游业在 2010 年下降 7%，2011 年反弹 7%，然后每年下降 1%，一直持续到 2013 年。2013 年英国人假期出行 5 700 万次，比 2008 年发生金融危机前高 14%。

- 2014 年，随着海外旅游业缓慢复苏，英国国内旅游业增长趋于平稳。在 2014 年 9 月前的 12 个月里，英国国内度假出行次数下降了 8%，英国西部下降幅度略小，为 7%。这是迪克可以获得的最新的数据。

- 2013 年，英国共有 1.5 亿过夜游客（不包括公务或探亲访友），其中 4 800 万人（32%）的目的地是西部地区。

- 按票面价值计算，2013 年到英国西部旅游的游客共消费 31 亿英镑，平均每人每晚 64 英镑，高于两年前的 54 英镑，每年增长 9%（这似乎很高，或许反映了此类消费者调查中存在的巨大误差）。

- 2013 年，前往英国西部地区的过夜商务游客增加了 460 万人，平均每人每晚花费 91 英镑。

- 以游客总数为指标，由于"假日游客"的定义在此期间发生了变化，2011 年（7 500 万过夜游客）至 2013 年（7 430 万过夜游客）期间，游客总数的增长与英国西部游客数量的增长基本持平。

- 德文郡是仅次于康沃尔郡的第二大最受欢迎的国内旅游目的地，2011—2013 年共吸引了 1 340 万过夜游客，约占全国总数的 9%。

- 2013 年，英国度假游客的平均停留时间为 2.9 晚。

迪克发现了大量有关总体市场需求的有用信息。他所要解决的问题是，如何将这部分附录控制在 3 ~ 4 页之内。

但迪克还需要进行更深入的研究。他得找出德文郡（而不仅仅是西部地区）的游客趋势，如果能细化到托贝地区就更好了。他设法从德文郡议会网站上找到了一些 2007 年的数据。虽然过时，但很有意思：

- 托贝的游客住宿量（包括酒店、旅馆和民宿）为 289 万个晚上，占德
  文郡总数的 35%，而南哈姆斯区的这两个数字分别为 62 万和 7.5%。

现在，迪克只需要一些关于温泉度假的数据，但是很难找到。一个问题
在于对温泉浴场的定义：可以是一个带桑拿房的健身套房，也可以是拥有多
个游泳池和治疗室的全套设施。市面上倒是有一些市场研究报告，但迪克不
确定花费高昂的费用购买是否值得。

迪克已经准备好写第 3 章的结论：

- 假设托贝和南哈姆斯区的游客住宿量为 350 万，2007 年以来没有增加，
  2009 年急剧增加，此后有所回落。2013 年游客在英国西部地区每晚的
  平均支出为 64 英镑，由此估计市场规模约为 2.25 亿英镑。
- 英国西部地区的过夜游客数先升后降，但单个游客的支出大幅增长。
- 主要的长期驱动力是人均收入增长，多次短暂休假的意愿增强，以及
  德文郡的游客设施和景点稳步增加。
- 主要的短期推动力是 2009 年的"就近度假"效应，该效应随着 2014
  年地中海度假的风靡而消退。
- 因此，迪克预测，未来三年过夜游客的数量将持平，平均消费保守估
  计每年增长 2% ～ 3%。
- 随着经济逐渐复苏，游客开始扭转之前的消费降级行为，高级酒店将
  比中档住宿更受欢迎。
- 尤其是提供水疗等高级服务的酒店。
- 南德文郡的酒店经营者面临的主要风险是就近度假的反弹，但现在似
  乎已经渡过了难关，市场进一步萎缩的可能性似乎不大。

考虑到德文郡旅游业在 2007 年至 2011 年经济衰退期间的市场需求如此
旺盛，迪克认为，投资人不会对计划书的这一章节太过担忧。那么在这个 2.25 亿
英镑的市场上，竞争对手的情况如何呢？这是下一章的内容。

市场需求基本要素清单

针对你的每一个主要业务领域，简洁而有力地陈述你对以下方面的评估：

- 市场规模——搜索信息，或者自己估算。
- 市场需求预测——使用 HOOF 方法。
- 过去的需求增长——同样，搜索信息，或者自己估算。
- 过去的需求驱动因素——过去影响经济增长的因素有哪些？
- 未来的需求驱动因素——这些因素和其他因素将如何影响未来的增长？
- 预测需求——HOOF 方法的逻辑输出。
- 市场需求风险和机遇——可能性有多大，影响有多大？

所有这些都要在 3～4 页 A4 纸上完成。支撑数据（例如，展示过去三年各个市场细分规模的表格或关键需求驱动因素的构成或趋势数据）可以添加到附录中。

如果你的企业要开辟一个新的利基市场，则在第 3 章重点阐述利基存在的理由。进行市场测试，评估目标市场的规模，建立数据和证据，并添加到附录中。

4

第4章　竞争

"竞争很讨厌，但竞争让我们进步。"

——佚名

本章要点

- 你的竞争对手
- 竞争强度
- 初创企业的竞争
  - 直接竞争
  - 间接竞争
  - 竞争反应
- 行业竞争风险与机遇

竞争真糟糕。如果你的公司是你的产品或服务的唯一供应商，你的产品将会供不应求，你可以在合理范围内任意定价。

但现实并非如此。竞争始终存在。你的生意越成功，竞争对手就越有可能盯上你的利基市场。

那么，为什么在如此多的商业计划书中，竞争经常被忽视，且总被认为是无关紧要的？在我多年来经手的计划书中，10份中有8份对竞争格局的分析无法令人信服。在这8份中，有一半的分析是如此草率又可笑，以至于产生误导。

为什么管理者或创业者在竞争问题上如此盲目？当竞争对手被忽视或置之不理，他们真的认为潜在的投资人会相信他们吗？

想象一下，如果需要由投资人自己来进行最基本的尽职调查，拿起电话和客户交谈，客户告诉他们，没错，你的公司很好，但是某个竞争对手提供同样好的产品，但是价格更低。等等，这会不会是那个在你的商业计划书中被忽视的竞争对手？价格低是因为产品质量差、不可靠，顾客不愿购买。

投资人走了。故事结束了。如果他们对你的商业意识失去信心，或者更糟的是，对你的诚信失去信心，他们绝不会给你投资。

实话实说。不要只是在讲公司战略的章节中用短短一两段粗略地提及竞争，而是要留给其合理的空间。

尊重这个主题。写一个单独的章节。勇敢面对吧。你知道你必须直面竞争，也让投资人知道你的对手是谁。

重要提示

尊重竞争。在计划书中给予竞争对手应有的空间。你忽略他们，投资人就会忽略你。

你的竞争对手

你的竞争对手是谁？这是个简单的问题，却不一定有简单的答案。

识别竞争对手有两个复杂的方面：市场细分的变化和间接竞争。

你应该预料得到，在不同的业务领域，竞争对手会有所不同。回想第 2 章的分析，产品 / 市场细分中的"产品"通常是一款产品或一组产品，不同产品会有不同的竞争对手。

想想阿斯达和它的那些竞争对手。在服装业务上，阿斯达与不卖食品的普里马克类似。在 DVD 市场，它曾经与伍尔沃斯和扎维等公司竞争（它们现在已经被淘汰了）。在食品方面，它不仅要与特易购和塞恩斯伯里、折扣商店阿尔迪和利德竞争，还要与当地的杂货店、肉铺和鱼贩竞争。在熟食生意上，阿斯达与当地餐馆竞争。

然后是间接竞争。这些竞争者不直接存在于你的空间，而是通过向客户提供替代解决方案侵犯你的空间。他们在争夺你客户的钱。

你可能会说本地杂货店是阿斯达的间接竞争对手，因为它们提供的是不同的服务——更有人情味，人工操作，质量有保证，退货方便，也许还是邻居。但是，真正的间接竞争对手是 iTunes，其音乐下载解决方案降低了顾客对阿斯达及其直接竞争对手提供的 CD 的需求。

典型案例

Pret A Manger 面对的竞争格局

你可能会认为，在 20 世纪 80 年代中期，没有比三明治店更成熟的行业了。上班族们打开特百惠盒子，拿出一个自己做的三明治；或者去博姿或玛莎百货买一个现成的；又或者去三明治吧购买，顺便交几个朋友。在那里，你从令人眼花缭乱的配料中选出你喜欢的，让柜台后面那个家伙为你做一个你的专属三明治。

你可能会想，没多大的创新空间了。可有一位企业家不这么认为。他在维多利亚州开了一家三明治店，三明治一大早就在店里做好，中午打包好，作为高档快餐出售。他很快获得了成功，他的企业还有强大的文化（人们称之为"Pret 行为"）：员工心情愉快，向顾客们传递健康的饮食理念。

连锁店稳步增长并盈利。如今，Pret（普利特）的营业额超过 4.5 亿英镑，拥有 335 家直营店，没有特许经营店，在纽约、中国香港和巴黎都有重要业务。但成长永远不会一帆风顺。麦当劳在 21 世纪初的投资导致了过快的扩张。它面临着与它相似的初创公司 EAT 的直接竞争，竞争促使两家公司进一步扩大市场。在 2009 年的经济衰退中，由于经济充满变数，消费者变得谨慎，特百惠替代品的兴起使 Pret 在间接竞争中落败，销售额下降。但到 2010 年，Pret 又回到了正轨，并在美国稳步扩张，尽管它面临着一个新的障碍——美国顾客不知道这个法语名字要怎么念，他们叫它"Pretty Manager（漂亮的经理）"！

你需要尽可能地了解你的竞争对手。你应该用一个附录专门介绍他们，并在计划书的第 4 章中简要说明。介绍应包括以下内容：

- 销量——最好按主要市场进行细分。如果你只能找到集团销售额或部门销售额（其中包括很多个细分，只有一部分和你的目标市场有关），那么你需要记录下这些实际销量，同时估算每个关键市场细分的销售额——你需要这些数据来计算你的市场份额。
- 过去三年的销售增长。
- 营业或净利润率（如果有）（如果你的竞争对手是一家私营公司，则不太容易获得这些数据）。
- 所有权，以及对金融深度和财务支持的评估。
- 目标市场细分——现在和未来的计划。例如，正在开发的新产品、新市场或目标市场的客户群。
- 设施和销售 / 服务团队的位置。
- 部署的实物资产，例如机器的数量和类型。
- 战略——主要重点、近期投资、增长计划（可以查找新闻或展会剪报，甚至客户逸事）。

■ 市场定位——独特的销售策略、定价策略。

计划书的第 4 章只需要提及附录中的关键摘录和结论：哪个竞争对手在哪个市场细分？他们的相对市场份额是多少？他们的业绩如何？他们的市场份额是增加了还是减少了？为什么？他们有何计划？他们打算开发哪些新产品或新市场？

在这一章中，让我们来看几个饼状图，它们将展示每个主要竞争对手在你的主要业务领域的市场份额。如果有用的话，还可以推测过去（比如三年前）的市场份额。如果你在这段时间内已经获得了市场份额，那么这个步骤是必需的。

这些都是背景信息。它们重要且必要，但可能不是很有趣。投资人更感兴趣的是关于竞争强度和竞争格局如何演变的讨论，而绝大多数商业计划书完全忽略了这些要素。

竞争强度

投资人想知道，你的主要业务部门面对的竞争有多激烈，竞争是否会加剧及其原因。

他们想了解你所在市场的定价走向。未来的价格走势在财务预测中至关重要，甚至比获得市场份额更加重要，因为上涨的每一分钱都会直接影响盈亏。

同样，下降的每一分钱都是对底线的直接打击。所有这些都得让投资人知道。要评估一个行业的竞争力，没有比迈克尔·波特（Michael Porter）的五力模型更好的工具了。该模型最早出现在他的《竞争战略》一书中。

波特指出了形成竞争强度的五种主要力量，如图 4.1 所示。下面简单介绍一下每一种力量。

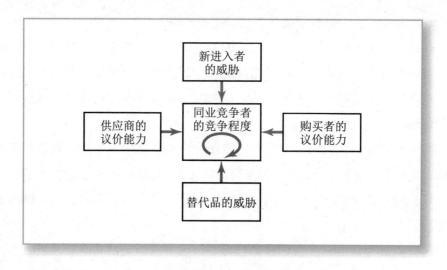

图 4.1　塑造竞争的五种力量

资料来源：改编自迈克尔·波特.竞争战略.纽约：自由出版社，1980.

同业竞争者的竞争程度

内部竞争由三个主要子力量形成：市场参与者的数量、市场需求相对于供应的增长，以及外部压力。

市场参与者数量
市场参与者越多，竞争就越激烈。你的市场上有很多参与者吗？

市场需求相对于供应的增长
市场增长越慢，竞争就越激烈。

那么供应呢？你所在的行业供需平衡吗？如果是，那么内部竞争可能很温和。

然而，如果你所在行业有供过于求的迹象，那么内部竞争将会加剧，还会抑制价格。你和你的竞争对手将不得不更加激烈地争夺客户，任何为抵消成本上升而计划的价格上涨都不得不被搁置。

你的客户有很多供应商可以选择吗？最近，这种情况恶化了吗？你和同类供应商是否得到了充分利用？行业定价是否受到挤压？这些都是供过于求的迹象。

相反，如果行业供应不足或需求过剩，客户要争抢相对稀缺的供应，那么这对你来说是个好消息。内部竞争将是温和的，你和竞争对手可能会将价格推高至通胀之上。

在第 3 章中，你发现你的市场增长有多快？市场供需是否平衡？

外部压力

外部机构，特别是政府和工会，对许多行业的竞争有很大的影响力。政府监管、税收和补贴会扭曲市场需求和竞争格局。工会也可以在许多方面影响竞争。比如，采取提高准入壁垒等限制性措施。

还有其他影响内部竞争的因素，这些因素可能与你所在的行业有关。一是退出壁垒过高，供应商别无选择，只能在应该退出的时候继续竞争（例如，一个有很多员工的餐馆可能存在很高的冗余成本，或者一个长期租赁办公空间的服务企业，这样的供应商很难"脱身"）。另一个因素是需求水平波动（例如，水果采摘或冰激凌行业）造成的季节性或不规则的产能过剩。

你的市场上有很多供应商吗？你所服务的市场增长有多快（见第 3 章）？有没有其他因素？把所有这些放在一起，问问你自己，当前你的市场内竞争有多激烈？非常激烈？一般？还是温和？几年后呢？为什么？

新进入者的威胁

进入市场的门槛越低，竞争就越激烈。准入门槛可以是技术、运营、人员或成本，新进入者必须：

- 开发或获得某项技术
- 开发或获得某种操作工艺
- 培训或聘用稀缺人才
- 大量投资资本资产或营销，成为可靠的供应商

然后是转换壁垒：从一个供应商转换到另一供应商的成本越高，壁垒就越高。一家饮料制造商可以相对容易地从一个糖商转换到另一个糖商，但是

如果要从一种标签解决方案转换为另一种标签解决方案，它可能需要对其灌装工厂进行彻底的重新设计。

你所在行业的进入壁垒有多高？新进入者的威胁有多大？非常大？一般？还是很小？威胁会在未来几年加剧、降低还是保持不变？为什么？

替代品的威胁

客户使用替代产品或服务越容易，竞争通常就越激烈。

再次想想 iTunes 之类的东西在音乐界的影响。它是在大街上出售的 CD 的替代解决方案，它与电子商务和超市一起，加速了伍尔沃斯和 Zavvi 等零售商的灭亡。在这种情况下，替代威胁的级别为"高"。

你和竞争对手被替代品抢占份额的可能性有多大？很大？一般？还是很小？随着时间的推移，威胁会越来越大吗？为什么？

购买者的议价能力

客户相对于你的议价能力越强，竞争就越激烈。问问超市连锁店或汽车制造商的供应商，他们对此深有体会。

通常情况下，这不过是市场中供应商数量与客户数量的反映。客户可选择的供应商越多，竞争就越激烈。

客户的议价能力还受到转换成本的影响。如果更换供应商既简单，又不会带来太多麻烦，竞争就会更加激烈。反过来，转换成本高，竞争就不那么激烈。

你所在行业的客户相对于供应商的议价能力如何？更强？相当？还是更弱？未来呢？为什么？

供应商的议价能力

供应商相对于生产商或服务提供商的议价能力越强，竞争就越激烈。

同样，它通常是个函数。例如，市场上有大量金属加工商，但金属生产商（如钢厂）很少，而且越来越少。当金属加工商向汽车制造商出售零部件时，他们会发现自己陷入了一种被挤压的境地：一端是大型钢铁或铝供应商，另一端是汽车行业的大客户。但他们中最优秀的人学会了如何躲避、下潜和生存。

你的供应商相对于你的议价能力如何？更强？相当？还是更弱？未来呢？为什么？

重要提示

不要轻易得出结论，认为在计划期内竞争会减弱。也许会，但你必须提供严密的证明。投资人尤其是银行家，会对这种主张保持警惕。

整体竞争强度

这就是决定市场竞争激烈程度的五种主要力量。把它们放在一起，你就能衡量出你所在行业的竞争强度。

业内竞争有多激烈？新进入者或替代品的威胁有多大？客户和供应商相对于你和竞争对手的议价能力如何？

简而言之，你所在行业的竞争有多激烈？非常激烈？一般？还是温和？

未来呢？行业竞争将会加剧吗？无论当前你和竞争对手的竞争有多激烈，你们都能获得一定的行业平均营业利润率。

投资人想知道的是，未来几年，不同的竞争力量的合力是否会威胁到利润率。或者，过去几年的行业竞争是否不可持续，并有可能在未来逐渐缓和。

换句话说，在接下来的几年里，竞争力量对你所在行业的定价有何影响？

竞争会加剧并对价格造成压力吗？还是竞争强度保持不变，定价趋势也不变？或者，竞争是否会趋于缓和，让市场参与者能够在未来几年提高价格和利润率？

投资人需要知道上述问题的答案。你应该在本章中直接回答，否则他们可能会做最坏的假设。

典型案例

XLN Telecom

规模不是一切。21世纪初，当英国电信业解除管制时，几位企业家决定与英国电信（Brifish Telecom，BT）集团在小企业领域展开正面交锋。他们以前的经验是向小企业销售办公产品。现在，根据对中小企业需求的了解，他们开始向中小企业出售基于专有技术平台的固话、移动和宽带电信服务。XLN高质量、低成本的产品和卓越的服务迅速赢得市场。到2010年，公司的销售额已经超过了5 000万英镑，这些销售额基本上都是从英国电信剥离出来的，而且都是通过与其他类似初创公司的直接竞争实现的。创始人在2010年底通过收购将资本收益货币化。

初创企业的竞争

太多初创企业的商业计划书都是基于一个前提，即它们的创业计划是一个新概念，不存在竞争，或者认为竞争对它们没什么影响。在绝大多数情况下，这充其量只是部分正确。

竞争始终存在。不管你的解决方案如何满足客户的需求，总有人在别的地方提供另一种解决方案。即使现在没有，将来也会有——他们会在看过你的方案后推出自己的方案。

英国广播公司版《龙穴》的前任评委、投资学校创始人道格·理查德（Doug Richard）开玩笑说，你得了解你的竞争对手，爱他们，买他们的产品，然后退回去！

听上去是玩笑，但他的观点是严肃的。你必须了解关于竞争对手的所有信息。给他们的销售或营销人员打电话，告诉他们你正在作市场调查（这是真的，你的确在作调查），并询问他们对市场走向的看法。然后问他们，为什么他们的产品或服务是市场上最好的，他们保证会滔滔不绝地说好几个小时。

最后，也是最重要的，问他们未来的计划是什么。有哪些新产品、新服务、新经销商、新地点正在开发中？如果是机密，他们不会说，这很正常。如果不是，那你需要弄清楚。

让我们来看看创业公司竞争的三个方面：

■ 直接竞争

■ 间接竞争

■ 竞争反应

直接竞争

如果你的新企业要进入一个明确定义的现有市场，那么本章的分析与对成熟企业的分析没有什么不同。

你要确定竞争对手，并评估竞争强度，也许你的进入会快速加剧竞争。

以第 3 章的初创精品店为例。这是一家开在商业街上的设计师童装店。你的竞争对手包括其他类似的精品店、所有主打成人服装兼售童装的精品店、童装连锁店、百货公司的童装部门，以及使用其他营销渠道的店，例如，目录购物或网店。

你将进入一个竞争激烈的市场（零售业的竞争异常激烈），希望你有独特的优势，能够在商业计划书的第 5 章打动投资人。

间接竞争

如果你的想法是个新概念呢？你的竞争对手是谁？

他们是在你的业务存在之前为客户提供替代解决方案的人，像你一样争夺客户钱包的份额。

假设你发明了一款精巧的木制滚轮按摩器，它会在按摩时释放出香薰精油。它新颖独特、绝妙且有效！

但它同样面临竞争。客户需要的是缓解背部紧张或疼痛，他准备花钱来缓解这种疼痛。

客户有一系列的替代解决方案：其他木制、塑料和金属滚轮，电动按摩设备、按摩椅。他们也可以去找按摩师，甚至香薰理疗师；可以购买精油自己按摩；还可以吃药。

所有这些都是竞争对手，即使只是间接竞争。你的产品将占据一个特定的价格区间：高于简易的滚轮器，低于电动设备。而购买高价还是低价产品取决于客户。

在计划书的第5章中，你需要从客户的角度列出备选方案的优点，从你的角度列出备选方案的缺点。你要证明自己有道理，并且不能孤立地考虑，还要考虑替代解决方案的提供者，即你的竞争对手。你需要在本章中介绍这些对手，并对竞争强度作出评估。

竞争反应

另一项经常在商业计划书中缺失的内容是，如果你的企业成功了，竞争对手会有何反应。

千万不要以为他们会袖手旁观，为你加油打气。投资人也不会这么以为。他们会认为，竞争对手会作出回应。

如果你的新概念受到专利保护，那就太好了。投资人需要知道所有细节。但竞争对手有办法通过谈判绕过专利，而且是以合法的方式。稍微改变一下主题就行了。

当竞争对手对你进入市场作出反应时，你会如何回应？现在就是回答这个问题的时候。

假设你的童装精品店成功了。沿路的百货公司会作何反应？也许会暂时关闭童装部，重新装修，每周六下午雇一个小丑来吸引顾客。那么，你要如何回应？

假设你的香薰按摩器成功了。那些制造简易按摩器的厂商会如何应对？如果没有专利，它们会仿制吗？如果有专利，它们能否以低于你价格15%的价格卖它们的按摩器，并送一瓶独立的精油？如果真出现了那种情况，你要如何回应？

想想竞争反应。准备好回应。

行业竞争风险与机遇

你已经评估了所在行业现在和未来几年的竞争强度。评估结果显示了哪些风险？哪些因素会进一步加剧竞争？

内部竞争、客户议价能力或加剧竞争的任何其他力量会有什么变化？

这些风险发生的可能性有多大？如果发生了，会有什么影响？

有哪些大风险（根据第 3 章中的定义，"大风险"指的是出现可能性较大或影响较大的风险）？如果这些大风险发生了，你要如何应对？

反过来，平衡这些风险的大机会有哪些？如果出现机会，你将如何利用它们？

在计划书的这一章里，你只需要用一到两段的篇幅分析大的竞争风险和机会。投资人会感谢你提前解答这些问题。

基本案例研究
达特谷酒店和东方温泉浴场商业计划书，2015 年

第 4 章：竞争

在第 3 章中，迪克·琼斯发现，托贝和南哈姆斯区对服务式酒店的市场需求为 2.25 亿英镑。现在，他需要评估供应相对于总体需求的竞争力，其主要针对他所在的三星级和四星级带温泉设施的酒店市场细分。

他再次浏览了英国旅游局的网站，发现了以下信息：

- 情侣和夫妻——英国 2014 年的平均床位占用率为 52%，而卧室占用率为 69%。

- 地区——西部酒店的入住率略低于平均水平，为 49%；伦敦最高，为 63%。

- 季节——1 月床位占用率最低，为 36%；夏季最高，为 62%。

- 地理位置——与小城镇（46%）、海边（47%）或与达特谷更类似的乡村（45%）相比，大城市的床位占用率更高，达到 57%。

- 规模——酒店最高，为 54%，其次是旅馆（43%）和民宿（40%）。

- 规模和时间——2011—2014 年，旅馆的入住率稳定在 42% ~ 43%，而民宿的住宿率在此期间从 37% 稳步上升至 40%。
- 地区和时间——西部地区的入住率从 2011 年的 47% 稳步上升到 2014 年的 49%。

迪克从德文郡议会网站上找到了以下信息（2007 年）：

- 托贝有 18 460 个服务床位；南汉姆斯区有 4 380 个。
- 1 月，托贝的床位供应下降至 82%，与德文郡的平均水平相当，而南哈姆斯区的床位供应则下降至 74%，这可看出在这几个月里有多少家酒店歇业。
- 托贝的平均床位占用率为 43%（整个德文郡为 41%），8 月最高，为 68%，1 月最低，为 26%（占当月营业酒店可用床位的比例）。
- 小型酒店的平均床位占用率低于大型酒店：有 21 ~ 50 个床位的酒店的床位占用率为 38%，有 7 ~ 20 个床位的酒店的床位占用率为 34%。
- 那些有 21 ~ 50 个床位的酒店 12 月至次年 3 月的平均入住率仅为 23%。

这些信息非常有用。迪克将在计划书的下一章中，将他自己酒店的业绩数据与当地、地区或全国的趋势作比较。

这些信息还反映了供需状况。托贝的平均入住率似乎与整个德文郡或整个英格兰的平均入住率相差不大。如果没有迹象表明本地供应过剩，由于本地的供需状况与德文郡其他地区相同，投资人应该不会太担心定价前景。

迪克现在关注的是直接竞争对手——那些拥有水疗设施的三星级和四星级酒店。过去四年，通过对这个市场进行研究、规划、开发和在其中运营，他确定了下面这些竞争对手：

- 11 家四星级酒店，7 家在托贝，4 家在南哈姆斯区。它们有完善的水疗设施，包括游泳池、水疗池、桑拿和治疗室。
- 托贝有两家健身俱乐部，提供全套水疗设施。
- 5 家酒店（其中一家是五星级酒店）和 3 家健身俱乐部，它们提供的水疗设施有限，通常只有一两个治疗室。

他与其中多位老板和经理见过面，一部分是通过托贝酒店协会认识的。

他对这些酒店在金融危机后的衰退期间的表现,以及它们如何应对所有人面临的问题,都有深入的了解。

迪克对他所在行业竞争强度的评估结果是"相对激烈":

- 内部竞争相对激烈,有许多竞争对手,不仅在南德文郡,还在英国西部的其他地区。但达特谷利基市场的需求增长高于平均水平。

- 进入门槛较低,许多营业场所都设有治疗室,并将其称为水疗中心,但全设施温泉浴场的门槛较高,这是由于设立专用空间需要资本成本和运营成本。然而,仍然存在这样的风险:未来 5 年,一些旅馆会改造成达特谷模式的温泉浴场,带来直接竞争。这可以视为对达特谷酒店入住率的威胁,也可以看作一个机会,因为新的对手会帮助传播南德文郡东方温泉度假酒店的口碑。

- 替代度假方案的威胁始终很大。温泉本身就是其他健康度假方式的替代,比如海滩、游泳、散步或高尔夫,而且这种度假方式未必经受得住"下一个大事件"(上一次是金融危机)的考验。

- 消费者的议价能力很强——他们在如何分配健康度假支出方面有很多选择。

- 供应商的议价能力较低——例如,有很多热水浴缸供应商,而且德文郡劳动力充足。

迪克认为,未来三年内,竞争不会大幅加剧。主要的风险仍然是会有新进入者,或者水疗不再受欢迎。无论哪种情况,达特谷酒店要生存,都必须保持对挑剔的游客的吸引力。

这就把讨论巧妙地引到了达特谷的竞争定位上,但那是第 5 章的内容。

竞争基本要素清单

如果你用一整章的篇幅来介绍你的竞争对手和竞争强度,你的计划书将会有别于大多数计划书。你通过这样的方式告诉投资人:你不害怕面对和对付任何野兽。

将竞争对手的规模、位置、员工人数等细节放在附录中，在计划书的第4章简要说明最有启发性的结果。

评估你所在行业的竞争强度，以及竞争加剧的可能性，可以从以下几点出发：

- 同业竞争者的竞争程序——包括参与者的规模和数量、需求增长、外部压力、退出壁垒和可能的产能过剩；
- 新进入者的威胁——描述进入门槛；
- 替代品的威胁——潜在的破坏性；
- 购买者的议价能力——通常取决于供应商和客户的相对数量和规模；
- 供应商的议价能力——同样，只是现在你是客户。

如果竞争有可能加剧，你需要评估行业定价可能发生的变化。最后，指出未来几年围绕行业竞争的主要风险和机遇。

如果你的企业是一个倡导新概念的初创企业，你需要找出提供替代解决方案的竞争对手，并相应地分析这个行业。考虑竞争对手在你进入行业时可能会如何回应，而你又将如何应对。

所有这些只占据2～3页A4纸。任何有关行业竞争的支持数据或证据都应放在附录中。

5

第 5 章　战略

"要么找到一条路，要么自己开辟一条路。"

——汉尼拔（Hannibal）

本章要点

- 竞争地位
- 战略
  - 基本战略
  - 加强竞争地位
  - 提升战略地位
- 初创企业的战略
- 战略风险和机会

你介绍了企业所处的微观经济背景。在第3章中，你评估了市场需求前景，在第4章中评估了行业竞争。现在是时候把你的业务放到这样的背景中去了。

你的企业在每个主要市场细分的竞争力如何？你在几个关键领域有哪些增强竞争力的战略？或者让整体市场细分组合更平衡的战略？你会面临什么风险？你能利用什么机会？这就是本章的内容。然后在第6章，我们将探讨你需要部署哪些资源来实施这些战略。

本章的结论将成为你计划书第7章中销售和营业利润预测的重要依据。

需要注意的是，与第3章和第4章一样，本章将从你在写计划之前进行的广泛的研究和分析中得出结论——关于你的竞争地位和战略的结论。下面的详细分析几乎不会出现在你的计划书中，否则投资人会很快失去兴趣。计划书的这一章只需要结论，任何进一步的细节都可以放在关于竞争地位的附录中。

但如果你能说服投资人，让他们相信你的主张不是凭空想象，而是建立在大量可靠的研究和分析基础上，那将会对你非常有利。

你的主张必须深刻、平衡且中肯。在许多商业计划书中，作者对公司的优势大加吹捧。例如，某产品的功能是如何独特，或者是迄今为止市场上最好的。这也并非完全虚假，但实在没有深度。客户是否察觉到你的产品和最接近的竞争对手的产品有显著区别？他们在意吗？在评估整体竞争地位时，这个区别有多重要？它值这个差价吗？没有这样严格的分析，你就难以让投资人信服。

在计划书的这一章里，你不能过分夸大优势，也不能夸大它们对购买决定的影响力，更不能掩盖缺点。你必须从客户的购买决策和竞争力两个方面阐述公司的优势和劣势。想象一下，如果一个竞争对手在一次会议上偶然发现了你放在桌子上的商业计划书（这种情况确实会发生），他们会不会因为你片面的夸张笑得前仰后合？

你的主张必须足够有力，有力到经得起检验。否则投资人就会退出，那么你和他们的时间都被浪费了。

重要提示

你总能找到词来夸奖一个人的性格、外貌和技能，即使在现实中那个人是个粗鲁又邋遢的懒汉。公司也如此。如果你宣扬公司的优势，却没有将其置于竞争环境中，或者不承认相应的弱点，那么投资人就会对你关于公司竞争力的结论产生怀疑。

竞争地位

首先你要清楚你的企业在竞争对手中处于什么地位。在你的每个主要业务领域，你的地位如何？在未来几年，这个地位可能会发生怎样的变化？

回答这个问题需要三个步骤，并且要涵盖所有主要的细分市场。

1. 确定并衡量客户采购标准（CPC）——客户在每个环节需要从供应商那里得到什么——供应商可能是你，也可能是你的竞争对手。

2. 确定和衡量关键成功因素（KSF）——你和你的竞争对手需要做什么来满足客户，并获得商业上的成功。

3. 评估你的竞争地位——你如何评价你和竞争对手在各个关键成功因素上的表现。

本书的附录 A 会告诉你如何做到这一点。它系统地评估了你的公司目前相对于主要竞争对手的地位，以及这一地位在未来几年的变化趋势。

我强烈建议你遵循附录 A 中的方法，它全面、严格，并且具有启发性。不过，它并不是非要出现在你的商业计划书里。事实上，它不会成为你交给投资人的商业计划书的一部分。

它只是背景，为坚实的研究和分析奠定基础，来支持你在第 7 章中的预测，以准备好应对投资人狡黠的盘问。

另一种方法要简单得多，按照大多数商业计划书撰写指南的建议，在这里列出公司的优势和劣势。我认为这种方法有三个问题：

- 只列出优势和劣势，而不为它们分配权重并评分，以此得出一个合理的、平衡的结论（最好采用加权平均法对竞争地位进行评估）。这样做可能会产生误导。

- 很少有指南会针对每个主要业务部门进行评估。实际上，不同部门的权重和评分以及整体竞争地位都会有所不同。

- 经常有人采用 SWOT 分析法（优势、劣势、机会、威胁），这是一个被滥用的结构。SWOT 通常只显示一堆项目，不按重要性、相关性、可能性或影响分级。它混淆了商业机会和市场机会，商业风险和市场风险，且不会得出任何结论。真的很糟糕。

即使你不愿意像附录 A 那样严格（或者没有时间），你也要分析一下优势和劣势。确保遵照以下建议，尽可能清楚地向投资人描述优点和缺点：

- 在评估一家公司在你的主要业务领域的竞争力时，向投资人介绍相关的优势或劣势。

- 解释这在某些市场细分中比其他市场细分更重要的原因。

- 与竞争对手作比较。是的，你们的客户保留率非常高，但是否高于市场领导者？如果没有，你打算如何把它提升到行业最佳水平？

- 在对公司的优势和劣势进行评估时，不要将机会和威胁混在一起。我们已经在第 3 章和第 4 章讨论了市场机会和威胁，本章将对商业机会和威胁进行评估。

一旦明确了你的公司在其主要市场细分的竞争地位（根据本书附录 A 的方法），或采取简便方法列出了公司的优势和劣势（如上），你就应该制订计划，积极主动地增强公司的竞争力。这就是战略，下一节会探讨。

典型案例

孤独星球的战略

20 世纪 70 年代末，我第一次去东南亚旅行时，一位朋友借给我一本破旧的黄色封皮的旅行指南，书名是《鞋带上的东南亚》（*Southeast Asia on a Shoestring*）。这位朋友对我说："它将是你旅途中最好的伴侣。"他说得没错。

70 年代初，旅游指南市场一定很成熟，甚至很拥挤。主要有贝德克尔（Baedeker）、福多尔（Fodor）和米其林（Michelin）指南，封套分别是红色、蓝色和绿色。为了满足那些精打细算的人，也有像《欧洲导览》（*Frommer's Europe*）这样的按日收费（每天 5 美元）的指南。此外还有一本特别大（直到今天也特别大）的《南美手册》（*South American Handbook*）。里面不仅有详细的历史和文化背景介绍，还就旅游市场的各个层面提供实用建议。但是，1973 年，当托尼（Tony）和莫林·惠勒（Maureen Wheeler）"开着一辆破旧的汽车"从伦敦前往悉尼，踏上为期一年的蜜月旅行时，他们发现这些指南几乎没什么帮助。他们不得不使用老办法，自己找住处，自己规划行程。到达悉尼时，他们已经"身无分文"。为了方便其他旅行者，他们被说服写下自己的经历，把随机的几页装订在一起，放在厨房的桌子上。

《便宜走亚洲》（*Across Asia on the Cheap*）出版一周就卖出了 1 500 册。惠勒夫妇正式进入旅行指南市场。这是 20 世纪 60 年代末从伦敦到阿富汗的嬉皮士之路的衍生品，之后因澳大利亚年轻人对陆路旅行的狂热迅速发展——攒钱，用一年时间从陆路前往欧洲，在伯爵府的一家酒吧工作一年，然后再花一年时间慢慢回家。这是标准路线。孤独星球会一路帮助他们。

不过，孤独星球还是遇到了竞争对手。1982 年，马克·埃林厄姆（Mark Ellingham）出版了《希腊概略指南》（*Rough Guide to Greece*），和《南美手册》类似，书中有很多历史和文化背景，但目标市场却和孤独星球一样，后来发展成欧洲系列。两家公司很快开始正面竞争，尤其是在 1995 年企鹅出版集团收购了易行指南之后。就像我们在第 4 章中看到的，EAT 挑战 Pret A Manger，结果两家公司都从更激烈的竞争中受益。孤独星球从一开始就采取了差异化战略，不畏米其林和福多尔两家巨头，惠勒夫妇找到了一个快速增长的利基市场，并为这个利基市场量身定制了一款完美的产品。

到 21 世纪，随着印刷产品的成熟，孤独星球的战略转向了产品延伸和新媒体。它开发了专题指南，如语言、美食和徒步，出版了自己的旅游杂志，并开始制作旅游电视节目。公司开发了一种在线旅游信息和代理服务，比图书更全面，很可能会蚕食旅游图书市场。如今，游客们在拉巴斯、利隆圭或琅勃拉邦的任何一家网吧就能查到孤独星球的信息。出人意料的是，书仍然卖得很好。旅行者们似乎喜欢在酒吧或躺在床上读书，翻阅纸质书的感觉不比用笔记本电脑或智能手机的感觉差。

孤独星球的成功故事一直为人津津乐道，一个名副其实的爱心举动变成了世界领先的企业。2007 年，BBC 环球公司（BBC Worldwide）以 1.3 亿英镑的价格收购了孤独星球。2013 年，BBC 将其转手给美国公司 NC2 Media，相比六年前的收购价格亏损了 8 000 万英镑。惠勒夫妇，这对曾经的嬉皮士之路旅行者，成了千万富翁。

战略

从公元前 6 世纪孙子提出的"知己知彼，百战不殆"，到日本著名管理学家大前研一（Kenichi Ohmae）的解释："简言之，经营战略就是竞争优势"，战略有无数定义。

我是一名经济学家，我认为"战略"的定义中少不了"资源"这个词。正如经济可以指一个国家对稀缺资源的优化配置，我们也可以这样定义一个公司的战略：

战略是指一个企业通过配置其稀缺资源，在竞争中获得可持续的优势。

投资人需要知道的是，你打算如何在计划实施期间分配公司的资源来实现目标。这些资源本质上就是你的资产：人员、有形资产（例如，建筑物、设备和存货）和现金，以及借贷能力。你会如何分配或投资这些资源，以获得最佳收益？

更准确地说，你需要说服投资人，让他们相信你的战略能够提升公司在关键市场细分的竞争地位。

在前面的部分，你分析了公司的竞争地位。你还研究过随着时间的推移，竞争格局会如何变化。

在这个部分，你必须展示你如何通过部署一个成功的商业战略来积极地改善竞争地位，为计划书第 7 章中的预测提供依据，以此来说服投资人为你投资。

你们公司的战略是什么？你将如何部署你的稀缺资源以获得可持续的竞争优势？

首先，让我们看看一般的战略。

基本战略

同样，基本战略的定义也有很多，每个商业大师似乎都有自己的定义。但是，从本质上讲，在绝大多数情况下，公司需要在两种非常不同且易于掌握的基本战略之间作出选择：低成本战略或差异化战略。

任何一种战略都可以产生可持续的竞争优势。公司要么提供成本低于竞争对手的产品或服务，要么提供与竞争对手有足够差异的产品或服务，使顾客愿意支付溢价。在这种情况下，所收取的增量价格足以覆盖提供差异化产品的增量成本。

易捷航空和瑞安航空都是低成本战略的成功例子。与它们冲击市场之前其他航空公司的价格相比，它们的机票价格低到令人难以置信。但它们还是通过最大限度地提高载客率，成功获得利润。另一个例子是宜家，它们的家具时尚简约，且价格极具竞争力。

差异化战略的一个经典例子是苹果。无论在个人电脑、笔记本电脑还是手机市场，它都不是最便宜的，但却总是风格鲜明、功能丰富。还有提供新鲜优质快餐的 Pret A Manger。最后，想想造型夸张的 Lady Gaga——约瑟芬·贝克和她放肆的香蕉半裙的当代版本。

这两种基本战略的一个值得强调的变体是焦点战略，它由迈克尔·波特提出。一个公司可以通过遵循低成本或差异化战略在其行业中获得成功，但另一种选择不是面向整个行业，而是缩小范围，专注于其中的一小部分，即单一的市场细分。在这种情况下，企业可以通过聚焦和特殊的差异化来获得市场领导地位，从而实现规模驱动的低单位成本。

焦点战略的一个经典成功案例是本田摩托车。本田对产品可靠性数十年的重视使其形成全球规模，产品不仅优质，还极具成本竞争力。

加强竞争地位

在明确了支撑业务的基本战略之后，你打算如何在计划期内提高你的竞争地位？你将如何提升你的竞争优势？

要回答这个问题，你需要回顾你在评估自己与竞争对手的竞争地位时所作的分析。

在哪些关键成功因素上，你的表现不如某个重要竞争对手？这是一个重要的、权重很高的关键成功因素（Key Sucessful Factors，KSF）吗？将来还会这样吗？随着时间的推移，它会变得更加重要吗？这一相对弱点会得到改善吗？

或者，你是否应该提升某个特定 KSF 上的优势，进一步拉大你和竞争对手之间已经存在的差距？

虽然不宜一概而论，但从理论上讲，在优势上的投资会比在弱点上的投资带来更有利的回报。

如果你的基本战略是低成本战略，你打算进行哪些投资或项目来进一步降低成本，从而在竞争中保持领先？你打算在工厂、设备、厂房、员工、系统、培训和/或合作方面进行什么重大投资？你正在进行或计划进行什么绩效改进方案？

如果你的基本战略是差异化战略，你计划进行哪些投资或项目来突出这种差异化，以进一步区别于你的竞争对手？你打算在工厂、设备、厂房、员工、系统、培训、营销或合作方面进行什么重大投资？你正在进行或计划进行什么战略营销方案？

如果你的基本战略是焦点战略，你打算进行哪些投资或项目来降低成本和/或强化差异？你正在进行或计划进行哪些重大投资、绩效改进或战略营销方案？

这些投资或计划将如何影响你在关键业务领域的竞争地位？投资人需要知道答案。

重要提示

无论你的公司目前在关键市场细分的竞争地位如何，三年后都会有变化。市场在演变，竞争对手在适应。你的公司需要掌控自己的未来。你要让投资人相信你的公司正在积极提升竞争力。

提升战略地位

到目前为止，我们所有分析的前提都是提升公司未来几年在主要产品 / 市场的竞争地位。

但假设你没有足够的资源——无论是现金、时间还是人力——来做所有你想做的事情。你应该如何划分不同市场细分的优先级？哪些投资或项目应该优先？哪些应该暂缓，甚至永远放弃？你应该退出哪些市场细分？

不妨作个组合分析。它将帮助你根据吸引力的高低来确定你在市场中的竞争力。最理想的做法是，在你的强项和 / 或最具吸引力的领域进行投资，并考虑退出你实力较弱和 / 或竞争地位不佳的领域。

最后，你是否应该考虑进入另一个或多个更有吸引力的市场细分？如果是，你是否有理由相信你在这个新市场中会处于一个合理的位置，或者很容易占据一个合理的位置？

这样的分析能确定你的战略地位。不要混淆战略地位和竞争地位，竞争地位是指你的公司在某个特定产品 / 市场领域的竞争力。战略地位则关系到你在具有不同吸引力的所有领域的竞争力平衡。

首先，让我们弄清楚什么是"有吸引力的"市场。市场吸引力应该用四个因素来衡量：

- 市场规模
- 市场需求增长
- 竞争强度
- 市场风险

在其他条件相同的情况下，市场规模越大、增长速度越快，这个市场就越有吸引力。但是要注意另外两个相反的因素。市场竞争强度越大，风险越大，吸引力就越低。

你必须根据自己的判断来权衡这些因素。最简单的方法是给这四个因素中的每一个同等权重，那么整体吸引力评分就是各因素评分的简单平均值。

你可能会讨厌风险，并给予市场风险因素更多的重视。在这种情况下，你需要得出四个评分的加权平均值。

举个例子，假设你的公司有四种产品／市场细分，而你正在考虑进入第五种。画一个战略位置图，每个市场细分用一个圆圈表示（见图5.1）。

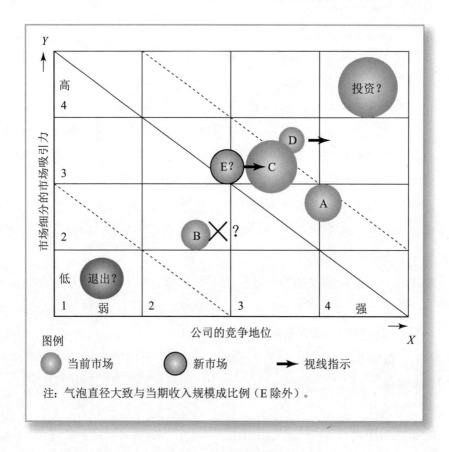

图 5.1　战略位置示例

市场细分在图表中的位置反映公司的竞争地位（X轴）和市场吸引力（Y轴）。每个气泡的大小应该大致与该市场细分目前的收入规模成比例。

一个市场越靠近右上角，它的位置就越好。如果市场在右上方虚线对角线上，值得考虑进一步投资。左下角虚线对角线附近的市场则应该考虑退出。

图 5.1 所示的战略位置是合理的。公司在最大且颇具吸引力的 C 市场表现出强大的实力，在吸引力稍弱的 A 市场拥有不错的地位。鉴于目前收入水平较低，D 市场前景看好，应给予更多关注。同时，应该退出 B 市场，它不仅缺乏吸引力，公司在其中的位置也不是太好。新的市场细分 E 似乎前景广阔。

在为这个案例制定战略时，你可以考虑以下几点：

- A 市场和 C 市场继续发展
- 对 D 市场投资（箭头表示由此带来的竞争地位的改善）
- 进入 E 市场（随着市场份额的增长，竞争地位不断提高）
- 从 B 市场退出（在图中被划掉）

你的战略地位如何？你的主要业务部门，也就是你的主要收入来源，应该位于主对角线上。

在哪些重要的市场细分，你能够通过提高竞争地位获得最大利益？你应该把精力集中在哪里？

你在考虑进入什么新市场吗？它们有多吸引人？你会处于怎样的位置？

有没有什么市场是你应该考虑退出的？

最后一个关于战略位置的问题。上面的例子展示了一个小公司在五个产品／市场细分的战略地位。

对于更大的公司，比如涉及五个业务或战略业务单位（用管理术语说，就是五个 SBU），我们也可以并且应该进行完全相同的分析。图 5.1 中的气泡现在代表的是业务，而不是市场细分。

我们可以对比各项业务的竞争地位（该业务在其每个市场细分的竞争地位的加权平均数）和市场吸引力（同样是加权平均数）。

我们会得这样的结论：投资一项业务，保持另一项业务以获取现金，退出第三项业务，等等。

如果你有改善战略地位的计划，把它加到商业计划书中。投资人需要知道。

典型案例

Reggae Reggae 的战略

Reggae Reggae Sauce（一种酱料）是试销成功的经典例子。多年来，牙买加出生的雷鬼音乐家利瓦伊·鲁茨（Levi Roots）一直和他的家人在诺丁山狂欢节上摆摊，摊位名叫 Rasta'rant，向路过的狂欢者出售烤鸡。这款酱料是按照祖母的"秘方"制作的，尝过的人都赞不绝口。于是他决定把酱料装进瓶子，单独出售。为此，他得到了 Greater London Enterprise 1 000 英镑的资助。在 2006 年的狂欢节上，这些瓶装酱料像烤鸡一样迅速售空。

受到鼓舞的鲁茨带着他的瓶子参加了各种贸易展览。推销时，他会弹一首雷鬼节奏的吉他曲，唱一首关于酱料的歌，这种推销方式十分有创意。在一次贸易展中，BBC 的一位制作人发现了他，几个月后，他出现在 BBC 的《龙穴》节目中，当着 300 万观众的面再次演唱了这首歌。2007 年 2 月，他获得了 5 万英镑的投资和公司 40% 的股份。他的成功当然离不开他的个人魅力和歌曲，但主要还是归功于产品。多次街头测试的结果证明，这是一款成功的产品。

接下来的故事更像是奇迹。在投资人的帮助下，这款产品登上了英国超市巨头森宝利（Sainsbury's）的货架。原本预计每年售出 5 万瓶，最终一周的销量就几乎达到了这个数字。产品范围很快扩大，先是红辣椒酱，其后又推出了 Reggae Reggae 食谱、酱料腌渍食品、Levi Roots 品牌三明治、达美乐 Reggae Reggae 比萨、肯德基 Reggae Reggae 盒餐、Levi Roots Caribbean Crush 饮料等。

鲁茨的公司现在价值数千万英镑，这是《龙穴》投资人有史以来回报最高的投资之一，鲁茨本人也成为富豪。难怪他写了一本书，叫做《如果你真的想要，你就能得到》（*You Can Get It If You Really Want*）。

初创企业的战略

上面这些分析对于创业公司来说没有什么不同，无论是服务于现有市场还是创建一个新的市场。如果是初创企业，你需要评估你刚进入目标市场时的竞争地位，并制定战略来提高竞争力。

有三点需要注意：

- 你的竞争地位是在将来，而不是现在。
- 与经验相关的所有关键成功因素的评分较低，将从一开始就产生不利影响。
- 投资人会想知道，这样的竞争地位实现后，是否经得住考验。

新企业的竞争地位是对未来的预测。而对于一家成熟企业来说，既要考虑现在和近来的情况，也要考虑未来——KSF 的权重或特定 KSF 的评分。这些权重和评分要通过对客户、供应商和其他人进行访谈来证明，每一项都应基于事实和业绩记录，而不是主观判断。

但对于一家初创企业来说，结论在很大程度上靠猜测，尤其是如果你的企业将进入一个新市场。所以你的论据必须更有力。你必须从任何可能的来源寻找证据。

对于一家 B2B 初创企业来说，潜在客户的意向书最有用，更棒的是来自几家潜在客户的意向书。如果做不到（B2C 初创企业也如此），你的证据就必须来自对市场需求、竞争和竞争独特性的严格分析。

你的论点必须阐明客户需要什么，或者想要你满足什么需求，以及为什么你的产品比客户当前的供应商（无论是直接还是间接竞争对手）更能满足客户的需求。

你的故事情节必须简单、集中、清晰。它应该像电梯演讲。别忘了，你现在还没有业务。

客户不知道你的存在。你的故事是对客户的承诺：在不久的将来交付某种产品或服务。

而你面临的挑战是让投资人相信你的故事。

初创企业与成熟企业的第二个不同点是，那些经验相关的 KSF 的评分会很低，而你对此无能为力。一开始，市场份额接近于零，另一些与成本相关，特别是与规模相关的因素评分也会很低。

差异化相关因素的评分也一样。产品质量、交货、客户服务、销售和营销等方面缺失的记录会对你不利。

在这种情况下，你的公司要如何竞争？做现有市场的新进入者很不容易。一开始，你不可避免地要面对一个相对于领导者较低的竞争地位。然而，如果这个市场在增长，或者你的产品或服务有对手不具备的特色，情况就会改善。

在 3～5 年的时间里，你的竞争地位会显著提高，你的市场份额会上升，单位成本会下降，服务表现会更好。

这些分析进一步强调了我们在第 2 章和第 3 章讨论的关于市场细分的问题。如果你的新企业不是进入现有市场，而是创造自己的新利基，那么一切都会改变。这时的竞争分析不是针对整个市场，而是针对你的产品／市场细分。如果你的新企业创造了一个新的市场细分，你就没有直接竞争对手了。

但有两点需要注意：

■ 你将面临间接竞争（见第4章）。

■ 一段时间后，你会面临新进入者的竞争，它们将追逐你的利基市场。

这就引出了初创企业和成熟企业战略的第三个主要区别：抵御能力。

记住我们对战略的定义：战略指的是企业通过部署其稀缺资源，在竞争中获得可持续的优势。对于新市场上的初创企业来说，最重要的一个词是"可持续"。

如果你的新企业成功了，你就会成为目标。竞争对手会嫉妒地盯着你开辟的新空间。它们会来"追杀"你，而且很快就会来。

你会如何保护自己不受竞争的影响？投资人需要知道答案。如果他们是风险投资人，他们会在5年左右退出。到那个时候，你的竞争对手会不会已经从你的市场份额中分走了一大块？如果会，投资人将难以出售他们的股份，或者只能折价出售。如果一开始就可能出现这种情况，他们不会投资你。

有很多方法可以帮助你保持竞争优势：

■ 重点产品专利保护。

■ 持续创新，在产品研发上领先一步。

■ 持续改进流程，在成本竞争力和效率方面保持领先。

■ 对品牌进行投资，让客户意识到产品的独特优势与你的品牌分不开。

■ 如果是B2B企业，对客户关系进行投资。

无论你的目标是什么，这都必须成为你的商业计划书的关键组成部分。在这里，不仅要说明你将如何在这个新市场中获得竞争优势，还要说明你将如何保持优势。

如想进一步了解初创企业的战略，或者进一步思考初创企业的市场需求（见第3章）和竞争（第4章），以及更多关于什么有效、什么无益以及为什么有效的案例研究，推荐阅读约翰·马林斯（John Mullins）的精彩著作《如何测试商业模式：创业者与管理者在启动精益创业前应该做什么（第3版）》（*The New Business Road Test*, FT Prentice Hall, 2010）。书中介绍了创业公司制订商业计划前应该做的所有准备和研究，尤其是在新市场。

战略风险与机会

在计划书的第 3 章和第 4 章中，你列出了在你的业务领域中与市场需求和行业竞争有关的主要风险和机会。你可以补充上与你未来几年的竞争地位和战略有关的风险和机遇。

在前面的部分，你评估了你在关键市场细分的竞争地位（如果是初创企业，则评估预期地位）。你制定了战略来提升你在每个关键市场的地位以及你的总体战略地位。

这些是你认为最有可能发生的情况。有哪些风险会导致你的竞争地位比你分析或预测的更糟？比如竞争对手要从你手里抢走一个大客户？这种可能性有多大？它会产生什么样的影响？还有什么因素会让你的地位下滑？

相反，什么因素会显著改善你的竞争前景？例如，主要竞争对手退出市场。这种可能性有多大？会有什么影响？

有哪些大风险——有合理的可能性会发生并生产合理影响的风险（见第 3 章中的定义）？怎样才能减轻这些风险？大的机会有哪些？如何才能利用这些机会？

我们将在后面讨论这些巨大的风险和机会（见第 8 章）。

基本案例研究
达特谷酒店和东方温泉浴场商业计划书，2015 年

第 5 章：战略

迪克·琼斯发现，德文郡三星级和四星级酒店 / 水疗业务的竞争强度为中到高（见第 4 章），主要风险是水疗热潮减退。达特谷在这个市场上的竞争地位如何呢？如果酒店获得了二期开发所需的资金，这一地位会有何改善？

迪克曾是一名管理顾问，他深知结论必须基于研究和分析，这一点在本书的附录 A 中有所体现。他卷起袖子，浏览网页，与水疗行业协会的熟人交谈，回顾前一年参加的英国水疗与健康会议的笔记和文献，并研究了由英国旅游局赞助的英国和爱尔兰水疗行业调查报告。

他将这项研究与自己过去三年在达特谷的经验作了比较，得出的结论是，水疗顾客的主要购买标准是：治疗的有效性（客户必须感受到治疗对他们有好处），场地标准（最好干净、卫生、宽敞并有轻松的氛围），当然，还有价格。

他发现，顾客也很重视设施，比如按摩缸、游泳池、桑拿房和极可意浴缸。随着顾客越来越懂行，他们会更加重视酒店提供的各种疗法，如表 5.1 所示。

接着，他将这些客户购买标准转化为关键成功因素，见表 5.2。他发现，成功的水疗服务提供商拥有技术精湛、经验丰富的理疗师，高质量的场所，积极乐观的文化，以及严格的成本控制。

最后，他考虑了市场份额和管理因素的两个增量 KSF，并计算每个 KSF 的权重。他现在准备针对这些 KSF 给达特谷打分。他有点惊讶但自豪地发现，达特谷在水疗服务领域的整体竞争力在南德文郡地区十分强劲，如果最低 0 分，最高 5 分，达特谷酒店可以得 3.5 分（见表 5.3）。计算方法见附录 A。

表 5.1　水疗服务客户购买标准

水疗客户购买标准		重要性	变化
效果	治疗师能力	高	→
	疗效知识	低 / 中	→
	治疗时的自信程度	中	→
效率	投入程度	低 / 中	→
	时间安排	低	→
关系	融洽程度	中	↑
	热情	中 / 高	→
服务范围	设施	中 / 高	↑
	治疗手法	低 / 中	↑ ↑
场地	洁净、卫生、空间、装饰	高	↑
价格		中 / 高	↑

表 5.2　水疗服务关键成功因素

水疗客户购买标准		重要性	变　化	相关的关键成功因素
效果	治疗师能力	高	→	治疗师技能
	疗效知识	低 / 中	→	资质
	治疗时的自信程度	中	→	过去的成绩
效率	投入程度	低 / 中	→	可用性
	时间安排	低		职业道德
				交付
关系	融洽程度	中	↑	人际技巧（沟通交流）
	热情	中 / 高	→	积极、乐观的文化
服务范围	设施	中 / 高	→	设施种类
	治疗手法	低 / 中	↑↑	疗法种类
场地	洁净、卫生、空间、装饰	高	↑	优质水疗设施
价格		中 / 高	↑	成本竞争力

表 5.3　达特谷在水疗服务领域的竞争地位

关键成功因素	权重（%）	达特谷	皇　宫	Fit4U	Smugglers' Cove	达特谷二期
相对市场份额	15	2	4	3	2	3
成本因素：管理费用控制，规模	25	3	4	4	1	3.5
经济因素：管理因素：	10	2	5	4	4	4
营销差异化因素：	10	5	4	4	5	5
效果 —— 治疗师的标准效率 —— 职业道德，交付	5	5	3	4	5	5
关系 —— 沟通，态度	10	5	4	4	5	5
范围 —— 设施，疗法	10	2	5	4	1	4
场地 —— 卫生，装饰，空间	15	5	3	4	5	5
竞争地位	100	3.5	4.0	3.9	3.1	4.1

评分图例：1 = 弱，2 = 可维持，3 = 有利，4 = 强，5 = 非常强；

竞争对手：达特谷酒店和东方温泉浴场，托贝；皇宫酒店和水疗中心，托基；Fit4U 健身俱乐部和水疗中心，托基；Smugglers' Cove 酒店及水疗中心，南汉姆斯。

　　皇宫是托基的一个大型酒店，拥有 250 间客房和全套水疗、游泳和水上设施，无疑是当地市场的领导者，但也没有领先太多。迪克相信，他的治疗师团队比皇宫的团队更娴熟，也更有热情，这要归功于迪克的妻子凯在招募时的严格选拔，以及在工作中对他们的鼓励。他还认为，达特谷拥有皇宫酒店所没有的私密空间和令人放松的氛围，更别提无与伦比的美景了。相比之下，皇宫的温泉浴场略微局促、客人过多。

紧随其后的是全国连锁店 Fit4U 在托基的分店。这家店的经营很成熟，以健身套房和课程为主，有一套高档水疗设施。尽管这家店很好，但迪克还是认为它们的服务标准和氛围不如达特谷。

托基地区有许多其他竞争对手，但在设施方面都比不上皇宫和 Fit4U。不过，有一家水疗中心与众不同，那就是 Smugglers'Cove。这是一家位于南汉姆斯的顶级精品酒店，坐拥自己的海湾。它声称提供"水疗"设施，但实际上只有一间治疗室和一间桑拿房。但客人们在那里能享受到真正的款待，达特谷有一两位优秀的治疗师也在那里工作。因此，尽管它在小众的高端市场，但仍然是达特谷的一个强劲的竞争对手。

迪克知道，这样的分析很少会出现在商业计划书中，这些数据更不会（我们稍后将看到什么会出现在计划书中）。但这项工作促使他进行深入的分析和思考，让他对整体格局有了一定的认识。

迪克向自己证明了，达特谷在水疗服务行业有稳固的地位，它的优势没有被过分夸大，它的缺点也不会被掩盖。这些必须在计划书中体现出来。

更重要的是，这些分析为他商业计划书的核心项目提供了一个框架，即拟议的二期开发：16 间房间加一个游泳池。表 5.3 的最后一列清楚地表明，该项目能够使达特谷成为南德文郡领先的水疗运营商，这得益于：

- 市场份额增加，信息传播迅速
- 对管理费用的贡献更大，因此单位成本更低
- 设施种类更广，与皇宫酒店的差距不大

迪克对达特谷的另外两个主要业务部门——住宿和餐饮——进行了上述分析。由于本书篇幅有限，我们不再讨论类似的细节，但这足以说明迪克的结论令人鼓舞。

现在，迪克可以用 3 ～ 4 页 A4 纸来概括他对竞争地位的结论，如下：

- 白手起家的达特谷已成为其利基市场的一个强劲竞争者。
- 原因包括：
  - —— 为过夜游客提供不同寻常的体验：干净、清爽、舒适的住宿，带有一丝东方气息，还能看到达特谷的迷人景色。
  - —— 为用餐者提供传统的欧式菜肴或家常菜，以及精致的东方美食，他们同样能看到达特谷的迷人景色。
  - —— 宽敞、令人放松的环境，高质量的治疗、服务文化、热情——这些因素都是本地领先的竞争对手所不具备的，弥补了设施方面的欠缺。
- 其他原因有：
  - —— 严格管理日常开支。
- 达特谷的入住率证明，它已成为该行业的有力竞争者。在运营的第三年，客房入住率达到 71%，远远高于宾馆、乡村旅社或托贝整体平均水平（见第 4 章）。
- 二期战略的实施将使达特谷成为托贝和南汉姆斯地区水疗服务的领先供应商，这不是就规模或市场份额而言，而是就竞争地位而言，也就是盈利能力。
- 战略风险较低——达特谷将在二期项目中复制一期项目的成功经验，这一迄今为止非常成功的理念在未来五年内不太可能过时或失去吸引力。

迪克将在计划书的下一章评估战略对资源的影响。不过在那之前，他忍不住要把他在第 5 章中写的内容与四年前创业时写的内容进行比较。在一期项目中，他把抵押贷款和出售伦敦西南部家庭住宅的钱用于融资。作为自己的投资人，他从未抽出时间为自己写一份商业计划书（尽管这可能是一个有用的练习）。

他发现，他在 2015 年写的很多东西都和 2010 年写的一样。当时，他对水疗服务市场进行了深入研究，因此，他对客户购买标准和关键成功因素的研究结果并没有发生太大变化。只是在权重方面有些变化，例如，所提供的治疗种类。

主要的区别在于时态的使用。2010 年，他的创业计划自始至终都是用将来时态。前三点和四年前几乎是一样的，只是它们反映的是对未来的期望，而不是现实。

前两项应该是：

● 到2015年，达特谷应该会成为该领域一个强劲的竞争者。

● 原因包括：

—— 为过夜游客提供不同寻常的体验：干净、清爽、带有一丝东方气息的住宿，以及可以俯瞰达特谷的迷人景色等。

事情进展得非常顺利，这给了迪克巨大的满足感。他相信，二期项目能够获得投资。

战略基本要素清单

战略章节将是整个商业计划书的亮点，因为它有研究和分析作为支撑。投资人会欣赏你的做法。

遵循本书附录A的方法所做的研究不会直接进入本章，因为本章只有3～4页长，但研究结果会发挥间接作用。你会给投资人留下这样的印象：每一句话都是基于事实或严谨的判断。

连贯地推导出公司的竞争地位：

● 展示你对关键业务部门的客户购买标准的理解：简要介绍你作的研究，细节在附录中呈现。

● 展示你对成功关键因素的理解。

● 提出你对公司竞争地位的客观评估，列出每个关键市场细分的竞争优势来源。

解释公司的战略将如何在未来几年内提高业绩：

● 你将采用哪些基本战略？

● 你将采取哪些措施来强化优势或克服劣势，以提升你在关键市场细分的竞争地位？

● 如何通过优化业务部门组合来提升公司的战略地位？

如果你的企业是现有市场上的一个新企业，请说明为什么你有足够独特的角度在早期阶段生存。如果你是在创造一种新的产品或服务，请说明你将如何以合适的数量和价格找到现成的买家。

最后，提醒投资人你的公司可能面临的关键战略风险，以及你打算如何减轻这些风险。反过来，也要强调可能存在的战略机会，它们是计划书中预测的上升空间。

6

第 6 章　资源

"输赢不在于实力，而在于决心。"

——马克·吐温（Mark Twain）

在上一章中，你制定了公司未来几年的战略，说明了你打算如何通过对照关键成功因素（KSF）提升优势，或者通过克服弱点来提升公司战略产品／业务部门的竞争地位。

简而言之，你解释了你的公司计划如何实现第 2 章设定的目标。在这一章中，你将说明如何去做。

你将展示你会如何部署公司的稀缺资源来实施该战略。

有一点要注意，如果你的公司是一家大中型企业，你可能会想要把本章的每个小节分配给各个部门主管——营销总监、运营总监、首席信息官等。也不是不可以，但你必须进行编辑，确保文风一致。一份商业计划书只能有一种风格。记住，每个部门的领导都有能力就自己的职能写一份 25 页的报告。你得把他们的报告限制在 3～4 页，并用半页左右的篇幅总结他们的主要结论，且把他们的报告放在适当的附录中。

要成功实施你的商业计划，你必须充分利用公司的所有资源。其中一些资源比另一些更重要。

我曾代表投资人或贷款方审阅过数百份商业计划书，根据我的经验，投资人的优先顺序是这样的：

1. 管理

2. 营销

3. 运营

许多投资人表示，他们支持的是人，而不是产品或服务。但这并不是故事的全部（见下文），它只是其中的重要组成部分。

投资人明白，即使拥有市场上最好的产品，如果客户不知道它有多好，那么一切都是徒劳。所以他们总是渴望了解公司营销计划的细节。

他们还发现，在一个成功的组织中，管理和营销必须渗透到价值链的每一个环节（见图 6.1）。管理能力必须像在企业的服务端一样，在原料物流中体现出来。营销文化应确保产品开发，乃至整个研发计划都是由客户需求驱动的。

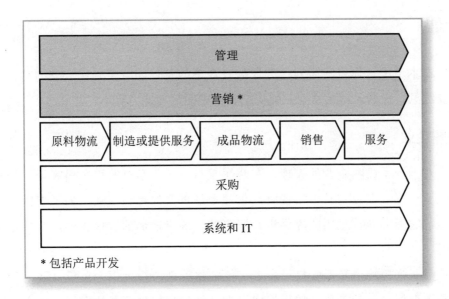

图 6.1　投资人所看到的价值链

　　然后是价值链的其余部分。每个环节都很重要，任何环节都不能断。不过，任何环节中的薄弱之处都可以得到加强。无论是在企业现有的资源范围内，还是通过有针对性的招聘，又或者聘请外部顾问进行指导，让供应链畅通、简化制造流程、外包物流功能、部署新的企业资源或客户关系管理软件等，都可以得到解决。

　　但管理方面就不一定了。如果一名经理无法胜任他的工作，这很少是一个可以马上解决的问题，而是需要一段时间才能完全解决，要在合适的时间找到合适的接替者似乎需要一点运气。

　　营销也一样。要改变一个企业的文化很困难，因为这个企业会认为，这是我们一贯的行事方式，我们的产品也一直是这样的，客户无法左右我们。投资人需要知道你的公司是市场主导的，而不是生产主导的。

　　因此，在你的商业计划书的第 6 章开头，你要说明你会如何利用你的管理资源来实施你的计划。然后是介绍营销资源，接着是价值链的其余部分。

管理

在本节中，你将阐述为什么你拥有合适的管理团队来确保计划的交付。但要注意，投资人对成熟企业和初创企业中的管理能力有不同的要求。

成熟企业

对于一个成熟企业的管理，有两派观点。一些私募股权公司表示，与初创企业一样，在决定是否投资时，管理是最重要的考虑因素。为了支持这一观点，它们会向管理团队提供极其慷慨的、逐步增加的股权奖励，条件是计划得以实施。

另一个极端是私募股权投资者，他们将管理层视为生产单位，认为管理层应该做好自己的工作。如果完成计划，他们会得到可观的回报，如果做不到就会被无情地取代。这些投资者会对市场、财务、法律等进行详细的尽职调查，但很少会对管理进行调查，因为没有必要，管理是可以替代的。

大多数私募股权投资者介于两者之间。他们在投资前进行详细的管理尽职调查。他们不愿在计划实施期间更换管理人员，因为这很麻烦。最好在投资前挑选一支精兵强将，并始终与他们合作。

无论私募股权投资者是否愿意替换管理层，有一点他们不会否认：他们要找的是能够实施战略、实现计划的管理者。理想的管理者不仅能够发现公司需要在哪些方面加强绩效，而且能够执行绩效改进措施。这揭示了你的商业计划书应该包括的内容，针对每一个关键管理人员：

- 一页简历，详细说明其担任的职位、任职公司和任职时间，并针对这些职位的具体目标突出介绍所取得的主要成就——作为计划书的附录。
- 一段简介，用一两句话描述相关经验，包括在公司的任职年限，并选择一个例子，说明该名管理人员如何实现项目目标——放在第6章的这个部分。

当投资人读完六位主要管理人员的六段文字时，他们应该会对这些管理人员留下深刻印象。投资人会想，这些人是实干家，他们看起来可以实现这个计划。

那么，这六位主要管理人员应该是谁呢？这取决于企业的规模和性质，但肯定应该包括公司的战略主管（如果是小公司，那很可能是总经理）、销售和市场主管（如果是小公司，很可能是一个人）、财务和运营主管。在大公司，这个六人团队还包括你的技术部门、人力资源部门和 IT 部门的主管，以及最重要的业务部门的主管。

投资人还想了解公司的组织和治理。此处可以放一个简单明了的组织结构图，说明最高管理团队中的报告关系。

关于治理的介绍一段话足够了，除非你的治理与众不同。说明谁是董事会成员，尤其是如果有一两位董事会成员在公司的战略方向、职能表现或关系网络中扮演重要的指导角色。

初创企业

毫无疑问，管理在初创企业中比在成熟企业中更为重要。至关重要。不会有任何风险投资人会认为管理层可有可无，任何公司都是这样。

在投资周期中，越是早期阶段，管理往往越重要。对投资人来说，适合的管理层在种子资本中（企业的早期，通常是概念验证阶段）比在风险资本中（早期、高风险、高成长性）更重要，在风险资本中比在发展资本中（业绩良好的成长型企业）中更重要。

许多风险投资人说，对于创业公司的投资，他们支持的是人，而不是产品或服务。有了对的精神、激情和对事业的执着，企业家才能获得投资。

但这种说法过于简化。正如前面几章所指出的，首先是商业主张。产品或服务必须具有可持续的竞争优势。必须有客户愿意为它支付合理的价格。在满足这些前提的情况下，如果创业者是正确的人选，风险投资人会很高兴。

注意，我用的词是"创业者"，而不是"管理者"。这是因为在初创企业中，投资人寻找的是与成熟企业中完全不同的人：不是踏实稳定、朝九晚五、总是能够达成计划的人，而是有远见、有领导力、对自己的产品或服务有充分信心的人，能通过激情、能量和惊人的勤奋来启迪和激励团队的人。

想想维品牌的创始人布兰森、戴森公司的创始人戴森以及网球名将罗迪克或者苹果公司创始人乔布斯。想想你在第 5 章中读到的李维·鲁茨。他们如此杰出，放心，投资人肯定不会对你有这么高的期望。

他们有能力，也有决心。多年来，我曾与很多管理人员有过合作，其中一些从事着最不光鲜的行业，比如污水泵制造商，专门针对老弱病残人士的楼梯电梯制造商。我发现，真正的领导者能够真诚地向员工、客户和其他利益相关者传递激情。如果他们能做到，你也能做到。你必须做到。

如果你正在创业，你必须感受到并传达你的激情，凯尔特人一样的激情。这样的激情、精神和热情可以为你带来巨大的成功 [在此推荐我的另一本书《助力你实现梦想和获得商业成功的精简版快速指南》（*Backing U! A Business-Oriented Guide to Backing Your Passion and Achieving Career Success*, Business & Careers Press, 2009）]。

但单有激情还不够。正如我们所看到的，对于成熟的企业，你还必须能够交付。在商业计划书的这个部分，你必须简明扼要地说明你过去是如何交付的，你如何达到你自己或上司设定的目标。

至于激情，不要把它仅仅用于推销你的计划，否则你可能走不了太远。激情应该贯穿计划书的每一页。真正演讲的时候，就顺其自然吧。

重要提示

向投资人传递你的激情。

营销

同样，成熟企业和初创企业的营销要素有差别。

成熟企业

投资人需要知道，你的公司是一家市场驱动型公司。你生产的产品或提供的服务满足客户显层和隐藏的需求，并能为客户创造显著效益。

投资人需要知道，你将部署一系列连贯的营销工具，以确保客户充分意识到这些好处，从而以合适的价格购买足够数量的产品或服务，以实现你的计划。

不要混淆营销和广告。广告只是一种推广方式，而推广只是营销的一个环节。

营销的范畴远远大于广告。它是一种心态，是一个公司对客户服务的定位。

在经典著作《基础市场营销：管理方法》（*Basic Marketing: A Managerial Approach* Irwin, 1960）中，杰罗姆·麦卡锡（E. Jerome McCarthy）提出了营销组合的四个部分，即四 P 要素：产品（Product）、渠道（Place）、定价（Pricing）和推广（Promotion）。这种分类完全可以满足商业计划书中本节的需求。每个要素用 1 ～ 3 段来叙述，如下：

■ 产品——如果你的公司采取差异化战略，而不是低成本的通用战略（见第 5 章），你需要说明你如何设计产品或服务，以满足已确定的客户需求。同时展示你的产品开发和研究如何以满足未来客户的需求为导向，而不是以脱离现实的空想为导向，并由对市场需求知之甚少或不感兴趣的研究人员主持。

■ 渠道——说明目前和未来几年，哪些分销渠道对公司最重要。你是直接销售还是通过代理商、批发商或者分销商间接销售？为什么？竞争对手使用什么渠道？你的在线销售近年来发展如何？它们在多大程度上挤占了线下销售或带来了额外的业务？未来的前景如何？

■ 定价——与竞争对手相比，你们公司的价格定位如何？与平均水平大体一致，还是高于或低于平均水平？为什么？定价与战略是否一致？销售量相对于价格变化的弹性有多大？在计划实施期间，通货膨胀是否会推高价格？你的预测是怎样的？

■ 推广——近年来你们主要通过哪些方式推广产品？广告（通过什么媒介——平面、屏幕、广播、互联网？）、贸易推广、公共关系、赞助、展览、贸易展、研讨会 / 会议？

为什么？在计划实施期间，推广方式将如何变化？

最后，你应该用一两句话总结营销结果。你在目标市场的知名度如何？客户是否知道你的产品或服务的好处？

此外，你的客户对你的产品或服务以及你的表现有多满意？如果你做过满意度调查，可以在这里以标题形式列出结果。你甚至可以加一个附录，用一页的篇幅作概述，连同其他你认为可能对投资人有用的营销数据。例如，你过去三年的营销预算明细。

客户满意度在多大程度上表现为重复交易？这是每个企业的命脉。赢得新客户的成本远远超过赢得回头客的成本。如果你有一些关于回头客的统计数据，请在这里列出。如果你的数据优于竞争对手，也请在这里指出。

典型案例

Gocompare 的资源

海莉·帕森斯（Hayley Parsons）16 岁就离开了昆布兰克罗西塞里奥格综合学校，带着不多的几张普通中等教育证书，她创立了自己的公司。25 年后，esure.com 买下了她的公司，她的个人财富升至 4 400 万英镑。这一切是如何实现的？答案是"利用资源"，也就是营销。

毕业后，帕森斯进入上校保险公司并一路高升。后来，上校保险公司创建了一家保险价格比较网站 Confused.com，但她没有获得网站的最高职位，于是她辞职并创办了竞争公司 Gocompare.com。她提供的服务与原公司的差异点是，不仅可以比较价格，还可以比较产品的功能。但直到她策划了一场标新立异的营销活动，公司才迅速成为市场领导者。

Comparethemarket.com 以一只可爱的猫鼬亚历山大·奥尔洛夫（Aleksandr Orlov）为主角策划了一场营销活动，这场活动使网站排名攀升到第四位；排名第三的是欧米德·吉亚李利（Omid Djalili）的 Moneysupermarket.com，他的智慧为网站带来了高利润。帮助帕森斯超越她的前雇主、市场领导者 Confused.com 的，是一个胖乎乎的威尔士/意大利歌剧歌手，名叫吉奥·卡姆帕里奥。他性格欢快，留着滑稽的小胡子，总是在古怪的场合出现，大声唱着 Gocompare 的好处。"我们想让我们的品牌深深印入人们的脑海，我们需要一首朗朗上口的歌曲。"帕森斯对《世界新闻报》的记者说，"要让人们记忆深刻，这首歌必须无处不在。人们要么喜欢它，要么讨厌它。它是广告中的酵母酱。"公众接受了。

初创企业

在初创企业，问题是一样的，但答案有两点不同。营销用的是将来时态，它不仅重要，而且至关重要。

营销是初创企业的命脉。在你创业之前，你的公司并不存在。在你创业之后，大多数客户不知道你的存在。

如果客户不能很快知道你的存在，你就不会有客户。你会像每年成千上万个创业公司一样，很快消失无踪。

在计划书的第 3 章中，你明确了有前景的市场需求。在第 4 章中，你总结出竞争环境是有利的。在第 5 章中，你阐述了为什么你的产品具有独特的竞争优势。

在第 6 章的这一节中，你将阐明客户将如何接触到你的产品，这些非常关键。你必须在附录中列出一份详细的营销计划，并在这里以令人信服方式进行简要介绍。

你要展示计划的各个组成部分如何相互促进，如何从不同的角度，由不同的人、不同的媒体用同样的信息"轰炸"客户，直到他们迫切地想要尝试你的产品。

你要带着激情写这个部分，甚至可以夸张一点。当然你的营销计划必须是明智的、合理的、可行的和有说服力的。

重要提示

如果没人知道你的存在，你肯定无法赢得市场份额。

运营和资本支出

如果你有首席运营官的话，这部分可以交给他 / 她写。如果没有，你就自己写。这里要讨论整个价值链中影响公司的主要问题，从采购供应到客户服务。记住，投资人不需要知道细节。他们想要的是直升机视图，而只有在出现可能对你的商业计划产生实质性影响的问题时，他们才想要地面视图。在本节中，你要思考未来几年，以下运营方面的战略对资源的影响：

- 供应
- 采购
- 制造产品或提供服务
- 研究与开发
- 配送、仓储和物流
- 销售
- 客户服务和技术支持
- 系统和 IT
- 质量和财务控制
- 合规

你要考虑在价值链的每个环节，要有什么物质和财政资源才能实施计划。

另外，与下一章的财务预测尤其相关的是，你需要在每个环节下列出支持计划所需的主要资本支出项目。针对主要的资本支出项目，请说明以下内容（不需要更详细，但要有说服力）：

- 资本项目的性质
- 为什么需要它
- 已考虑并拒绝的替代方案
- 需要多少钱
- 需要多长时间来执行
- 对未来收入或成本的影响
- 与投资相关的风险

同样，投资人不需要了解资本支出的每一项，只需要知道那些主要的、影响价值的项目。

供应

原材料供应是一个重要问题。如果你的公司生产金属器件，比如铝制汽车部件或耐磨钴切割工具，投资人需要知道，生产过程中要用到的金属原料在你需要时是否可用。如果金属价格上涨（它确实会上涨，就像任何原材料一样），你能在多大程度上通过定价机制保持利润？

金属加工厂是一个极端的例子。很少有制造企业和服务企业像金属加工厂那样，对原材料供应和定价如此敏感。但想想塑料、玻璃和折叠纸箱生产商，它们都对关键原材料（一是聚丙烯，本身对原油价格非常敏感；二是二氧化硅和纸箱板，本身对回收纸浆和原始纸浆的供应高度敏感）的供应和价格高度敏感。

再想想汽车制造商。它们对用于底盘的镀锌低碳钢的价格很敏感，但它们也与其他一系列供应商（例如座椅、塑料油箱和轮胎供应商）合作，以分散风险，并限制钢材的供应或价格的影响。

在你的企业中，单一原材料的成本比例越高，投资人就越需要了解细节。如果你经营的是金属加工业务，你应该在附录中用 1 ～ 2 页的篇幅来介绍金属在过去几年的定价周期，强调每一次主要上涨或下跌背后的驱动因素。

你的公司在多大程度上不是依赖一种商品的供应，而是依赖一家供应商的供应？如果这家供应商不能交货，或者利用其议价能力大幅提高价格，你有哪些其他选择？转换供应商的成本有多高？

如果你从事的是服务行业，不要认为这部分内容不适用于你。很可能你的主要供给是人员。找到具有合适背景、资格和经验的人来取代跳槽的员工有多容易？

服务业也可以依赖商品。牙科诊所需要定期采购设备、产品和材料。保险经纪公司对其主要软件供应商的依赖程度有多高？你的建筑公司能否找到合格、有能力、有干劲的管道工？

大多数企业都需要多种供应，并能够明智地选择供应商并将供应成本控制在相对可预测的合理范围。但也有例外。投资人需要知道你的情况。

采购

在过去，供应和采购通常归在一个标题下。制造商会购买供应品，将它们转换成某种产品，运送出去，出售它们，并提供服务支持。

后来出现了外包。现在，价值链的每个环节都可以外包。成品模块可以购买，甚至可以将整个制造过程外包，还可以与运输运营商签订合同，聘用分销商，聘请代理和委托服务公司。

不仅制造业这样，服务业也是这样。保险公司外包大量理赔管理工作。银行外包软件开发和支付处理工作。监狱外包囚犯转移工作。

无论在制造业还是服务业，清洁、维护、IT 服务和餐饮经常被外包出去。同样，客户服务和技术支持也经常被外包给海外供应商。

今天的公司可以被看作产品和服务的集合体，在设计、管理和营销方面创造价值。

在价值链的每一个环节，企业都可以成为一个购买者。不仅在供应方面，也在运营、物流、销售和服务方面。

你的购买能力有多强？你认为采购是一个关键成功因素吗？如果不是，为什么不？你的团队的谈判能力如何？

你的竞争对手购买原材料的价格比你们低吗？即使它们购买的数量与你们相当？

你们外购的产品怎么样？它们的价格有竞争力吗？物流如何？技术支持如何？客户服务如何？相较于你的竞争对手，你是否总是能够以合理的价格买到优质的产品？

这个部分的长度从一段到一页不等，这根据投资人对你公司购买能力的关心程度而定。

典型案例

戴森的资源

2002 年，戴森真空吸尘器从马姆斯伯里搬到马来西亚，引起了巨大轰动。此举可以理解，但并不明智。詹姆斯·戴森（James Dyson）的故事家喻户晓：在将产品推向市场之前，他推翻过无数个原型并坚持了整整 15 年。尽管戴森产品的价格高得多，但还是掀起了一场风暴。随后，胡佛公司积极应对，导致了一场旷日持久但最终戴森胜诉的专利侵权官司。

到 2001 年，戴森的销售额比 1995 年翻了 10 倍。但增长速度放缓，英国市场份额下滑，竞争对手的定价要低 60%。是时候采取激进的行动了。戴森把目光投向了自己的资源基地——马来西亚的劳动力价格和房地产单位成本是英国的 1/3。在亚洲其他地方，单位成本甚至更低，但马来西亚拥有基础设施和劳动力优势。马姆斯伯里不得不裁掉 600 个工作岗位，但仍保留了 1 200 个工作岗位，这比四年前戴森的总岗位数还要多，其中包括 400 名研发工程师和科学家。

戴森将制造业转移到海外的战略取得了绝对的成功。真空吸尘器变得更具成本竞争力，销量翻了两倍，戴森仍然是英国工程创新的灯塔。公司目前在马姆斯伯里雇用了 2 000 名员工，其中 1 000 名在研发部门工作。与此同时，戴森公司在 2014 年宣布，计划投资 2.5 亿英镑扩建马姆斯伯里工厂，为另外 2 000 名工程师创造就业机会。

制造产品或提供服务

在这里，你需要简明扼要地解释你如何制造产品或提供服务。

如果你是一个制造商，你的工厂在哪里？规模如何？你进入这个行业多久了？扩张的空间有多大，需要克服哪些限制因素（例如，与规划许可有关的限制因素）？如果你必须迁到另一个地方，有哪些选择？你们公司的设施与竞争对手相比如何？

你们主要的资本设备有哪些？近年来有什么变化？它们的价值/质量如何？在其领域中，它们是劳斯莱斯、宝马还是福特蒙迪欧？你需要什么额外的设备来替换旧设备或推动增长？你们部署的设备与竞争对手相比如何？

你们的主要生产工艺是什么？它们近年来有何变化？在生产过程的各个阶段，你是否会问"制造还是购买"的问题？你最近几年外包了哪些组件或流程？未来，你对于外包有什么计划？你的竞争对手是怎么做的？

如果你是一家服务公司，同样的问题也适用，除了地点从工厂变为办公室或仓库，所使用的设备可能更多地与计算机相关而不是与制造相关（尽管许多服务机构，例如牙科诊所，使用的是高度复杂的设备），你的流程更多地围绕文书或电子信息的流动，而不是货物的移动。

最重要的是，与你的竞争对手相比，你在提供服务时所使用的设施、设备和流程如何？你打算做些什么来保持领先或者迎头赶上？

研发

在本章前面关于市场资源的部分，你已经讨论了产品开发。在这里，你需要告诉投资人更多关于研发的信息。有多少员工，过去几年他们在做什么？产品要多久才能上市？过去推出的产品有多成功？新产品对你们的生产工艺和设备有什么影响？

哪些产品正在研发中？这些是新产品还是现有产品系列的改进版本？开发这些产品是为了满足市场需求吗？找到差距，制订计划，明确对生产和销售的影响。

你们的产品在市场上被认为是最新的、过时的，还是处于中间状态？产品是否多样？你打算如何改善这个定位？

与过去相比，你们的产品线更丰富了吗？

与竞争对手相比，你们公司的研发能力如何？谁是业界公认的创新者？你是否更像一个追随者？你对这个定位满意吗？

简而言之，有什么投资人需要知道的研发方面的问题吗？

配送、仓储和物流

在这里说明你的货物是如何从工厂送到客户手中的。到达市场的途径有哪些？通过批发商、分销商还是代理商？又或者直接到达客户？是三者的混合吗？近年来有何变化？未来会发生怎样的变化？为什么？你的竞争对手部署了哪些物流？那样做效果更好还是更差？你打算如何应对？

再次强调，只有当投资人需要了解某个问题时，才在这里详细说明。好的方面是，你可以展示竞争优势，坏的方面是，你需要突出竞争弱点，尽管这个弱点你正在纠正。这很可能会对成本产生影响，而投资人需要知道。

销售

营销是有用的，但只能创造知名度。所以你需要销售人员来达成交易。

你的销售团队有多少人？他们的资质如何？随着时间的推移，你的销售队伍有什么变化？

他们的业绩如何？如果你有这些数据，并且你认为这些数据对你的目标有帮助，你可以列出衡量销售团队效率的指标，比如线索响应时间、接触率或机会与成交的比率。

销售团队的成本效益如何？随着时间的推移，销售人员数量和成本效益有何变化？

这些数字与市场领导者相比如何？如果偏低，你打算怎么做？

客户服务和技术支持

在这些方面，你必须坦诚，否则会被发现。记住，投资人会坚持和一些客户交流，如果你的客户服务或技术支持不合格，客户一定会如实告诉投资人。

不过，即使你在客户服务方面有所欠缺，无法做到让任何产品满足任何一个地方的任何客户，也不意味着就是世界末日。这是一种取舍。客户服务是昂贵的，技术支持也是如此。通常，行业领导者拥有最好的服务和支持，因为它有规模经济。

最近我审查了一家公司的商业计划书，这家公司在某个地区拥有一流的技术支持，但在它想要扩张的地区的支持却非常有限——这是商业计划的一个关键增长地区。该公司认识到了这个问题，正在评估一个方案，希望通过与该区域的一家服务公司合作以加强技术支持。

该公司正确地认识到了这一点，并在商业计划书中进行了可信的论证。你们的客户服务和技术支持如何？是外包吗？效果如何？与竞争对手相比如何？与市场领导者相比如何？要怎么改进？对成本有何影响？

系统和 IT

你在制造或提供服务的过程中使用哪些关键系统和 IT？它们存在多久了？你以前用过什么系统？新系统有多有效？它们与竞争对手的系统和 IT 相比如何？

你的系统和 IT 有什么缺点？怎样才能改进？对成本有何影响？

最近，我帮助审查了一家全球支付系统公司的计划书。所有潜在买家都知道，它的系统非常薄弱，收购公司后必须立即更新系统，这将需要一大笔投资。投资人需要事先被明确告知这些信息。

你的情况不太可能如此极端，但有什么系统或 IT 方面的问题是投资人需要知道的吗？如果有，请在这里说明。

质量和财务控制

控制对投资人很重要。即使市场需求、行业竞争符合预期，提高竞争优势的战略和计划顺利进行，投资人还是要确保你对质量和资金有充分的控制，这样商业计划才能圆满实施。

你有什么控制措施来确保产品的质量？这个问题不仅适用于制造商，也适用于服务提供商。你的控制措施与竞争对手相比如何？什么是最佳实践？

如果产出质量出了问题——想想巴黎水或丰田，你有什么应急计划来纠正它？要付出什么代价？

你有哪些财务控制措施？你如何确保按时支付或快速支付？如果销售出现下滑，你的系统能防止库存积压吗？如何尽早发现欺诈行为？

同样，如果你觉得一切都在掌控之中，或者某些操作是行业惯例，请在这里说明。也许没有必要详细讨论这个问题。

合规

和上面的问题相似，投资人需要知道，你的公司在所有合规方面的表现优于竞争对手——无论是环境，还是健康与安全，这对制造商尤其重要。

以环境合规为例，你的公司在过去几年的合规记录是怎样的？在这期间，立法有何变化？你对此有何回应？与竞争对手相比，你的响应是否更有效？未来立法将如何进一步改变，你将如何应对？对成本有何影响？

针对所有主要的合规领域回答这些问题。如果你的公司从事金融服务，在 2008 年金融危机后，你的公司如何应对更严格的资本充足率控制？

如果你的公司在主要的合规领域表现都不错，请在这里说明。如果有问题，说明是什么问题，以及你将如何解决它们。如果有重大问题，例如环境问题，请在附录中详细说明，并在这里简要陈述并说明可能付出的代价。

资源风险与机会

你已经列出了与市场需求（计划书的第 3 章）、行业竞争（第 4 章）和战略（第 5 章）有关的主要风险和机会。现在，你需要说明与资源相关的风险和机会。

资源风险可能与管理（例如，一个关键管理人员被竞争对手挖走）、营销（例如，一场昂贵但收效甚微的广告活动）或运营（例如，一个新的区域仓库系统出现故障，造成分销中断）有关。

哪些资源风险有可能会发生，如果确实发生，会产生怎样的影响？大风险的定义请参阅第 3 章。如何减轻这些风险？有哪些大的机会？你能如何利用它们？

我们将在稍后再次探讨这些巨大的资源风险与机会（见第 8 章）。

基本案例研究
达特谷酒店和东方温泉浴场商业计划书，2015 年

第 6 章：资源

迪克·琼斯制定了战略，旨在通过二期扩张，使达特谷酒店成为南德文郡领先的水疗服务提供商。现在，在他计划书的第 6 章，他阐述了公司的资源情况，以及相关的风险和机会。以下是主要亮点：

- 管理——与三年前开发一期项目时不同，酒店管理已经得到了验证。在达特谷之前，他和他的妻子凯都没有酒店或温泉浴场的管理经验，这在当时可能会阻碍达特谷获得外部投资。但现在，他们有了三年的经验。虽然也有一些起伏，但总体上是成功的。管理是计划书中的一项优势，而不是弱点。但迪克还是得说明他将如何招聘一位经理管理新的水疗服务，最好具有东方背景，以支撑公司的定位。

- 营销——达特谷酒店通过明智地利用当地和地区广告、参加地区推广活动、淡季有竞争力的价格和其他特别套餐（如婚礼套餐）不断发展壮大。迪克认识到，33 间客房比 17 间客房更具挑战性，但他认为这在很大程度上是相同的，并不需要制定一个全新的策略。一种方法是与当地其他成功的温泉酒店进行更多的合作，给它们提供推荐佣金，并为顾客下次入住提供更多样化的选择。

- 运营——迪克认为供应、采购、服务提供、系统（预订系统在经历了不可避免的初期问题后运行良好）、控制或合规（主要问题是规划许可，经过一番周折，迪克的建筑师已经从德文郡议会获得了许可）方面不会出任何问题。

迪克总结了主要的资源风险与机会，包括建筑工程延误或成本上升，以及业主的健康受到影响。至于前者，根据他在一期工程中的经验，迪克在他的建筑计划中增加了两个月的额外时间和10%的额外成本来缓冲。至于后者，他和凯都坚信没有人是不可缺少的——如果他们身体有恙，其他人会代替他们的位置。

资源基本要素清单

展示你的公司将如何部署稀缺资源来实施第5章的战略，进而实现第2章的目标。列出你在管理、营销和运营三个主要领域的资源部署计划：

- 管理——你将如何组建一支拥有所需经验、资格和技能的管理团队来实施战略。
- 营销——你将如何在计划期内提升公司产品的知名度，这对于刚起步的公司至关重要。
- 运营——你将如何部署资源，以确保供应、采购、制造/服务提供、研发、分销、销售、客户服务、系统、控制及合规顺利推进，按计划交付成果。

最后，描述可能影响商业计划实施的重大资源风险和机会。

7

第 7 章   财务和预测

"在商界，后视镜总是比挡风玻璃清晰。"

——沃伦·巴菲特（Warren Buffett）

本章要点

- ■ 历史财务数据
- ■ 市场驱动的销售预测
- ■ 竞争驱动的利润率预测
- ■ 为计划筹措资金
- ■ 完整的财务预测
  - — 损益表
  - — 现金流
  - — 资产负债表
- ■ 初创企业的预测
- ■ 财务风险与机会

在计划书的第 6 章，你按照第 5 章的战略，阐述了你将如何部署公司的稀缺资源来实现第 2 章的目标。在本章中，你要说明战略将如何转化为业绩，并以关键的可衡量参数和资金来体现。

你要用一种能说服投资人的方式来做这件事，一种你在其他商业计划书撰写指南中找不到的方式。

你要根据第 3 章中确定的市场需求趋势和第 5 章中概述的增长计划来预测你的销售增长。

你要根据第 4 章评估的竞争动态和第 5 章的利润提升计划来预测你的利润率走势。

然后，你要把这些预测转化为完整的财务报表——详尽程度符合投资人对商业计划书的要求（尽管在现实中，他们可能有自己的财务模型来把你的数字放入其中）。

首先，我们将从实际数字，即历史财务数据开始。

历史财务数据

首先列出你最近三年的实际财务状况，以及当前年度的预算。

如果你的公司成立时间不长，那就尽可能多列出一些数据。如果你的公司经营了 5 年，或者 10 年，不要写出所有历史数据，只写过去三年，除非另有需要。

记住，我们要给投资人提供足够的信息，让他们作出投资决定。我们不想给他们过多的数据和信息。如果过去三年可以合理地预示未来，那么三年足够了。

但是，如果你的企业在一个周期性很强的行业中运作，或者在某一年发生了一些特殊的事件，比如失去一个大客户或者仓库失火，你可能需要列出四年甚至五年的历史记录。

如果你的公司刚刚起步，你没有历史数据，你的财务状况都是预测，这些将在本章后面讨论。

在这里，我不会详细讨论如何起草历史记录。这是一本关于计划而不是会计的书。如果你的企业是一家成熟企业，你的会计师一定有现成的账目，我只希望你对账目有合理的认识。我将在本章后面告诉你如何制定连贯的财务预测。

现在，你应该列出四个主要的财务报表：每年、历史实际年和预算年，即：

- 按主要业务部门划分的销售额和利润率
- 损益表（总体损益表和所有部门的损益表）
- 现金流量表
- 资产负债表

然后，用 1～2 页的篇幅描述支撑这些财务数据的重点内容。从公司当前财务数据的基本结构入手。说明：

- 哪些业务部门对销售贡献最大（已在计划书的第 2 章中涵盖）
- 哪些对利润贡献最大（详见第 2 章）
- 历年总销售额的增长（或其他）和预算的增长
- 损益表中费用的主要构成
- 历年毛利和营业利润以及预算的变化
- 现金流量表和资产负债表的主要影响因素

然后，在逐个阐述这些项目的同时，寻找财务数据中有用的项目。寻找各年的变化。特别要关注异常情况，寻找意料之外或不典型的变化。想想投资人会关注哪些信息——任何不符合趋势、不容易被预测的东西。

接着解释原因。这种变化背后的原因是什么？是一次性的还是会再次发生？下面是一些你需要说明的异常情况：

- 由于客户流失，某一业务部门的销售额出现下滑。这是因为客户方发生了变化——破产、被收购、更换管理层，还是因为那个简单又老套的原因：客户转向了你的竞争对手？
- 销售成本大幅上升。这是由于原材料价格上涨（在这种情况下，成本在多大程度上转移给了客户？），更换新供应商，还是重新谈判批量折扣条款？

- 某项管理费用（如租金）急剧上升。这是因为扩大了面积，租约更新还是搬迁？
- 营运资本方面的趋势与预料的相反，例如，尽管销量持平，但同年库存却在上升。这是由于生产或库存控制不力造成的吗？
- 年度资本支出起伏不定。大项目有哪些？它们是否在预算内按时交付？

记住，这不是一篇论文。你只需强调投资人需要知道的项目。但是，无论有意还是无意，都不要忽视投资人必须知道的事实。因为他们发现的时候（他们一定会发现），就是你失去他们的时候。

市场驱动的销售预测

没有销售，你就没有生意。销售预测很重要。它们必须可信且有说服力。

秘诀是在市场环境下作出销售预测。这样你就能从市场的角度来看待其可实现性。这是一种"自上而下"、市场驱动的方法。"自下而上"则是列出你计划在每个市场细分发展业务的具体举措，然后得出每个市场细分的总收入。

要作出市场驱动的销售预测，最好的办法是评估一段时间内的平均变化，通常是三年，也可以是五年。把你预测的销售增长与该时期内市场的中期趋势联系起来。不过，在完成这个步骤后，你仍然需要列出每一个中间年份的销售预测，至少是销售总额。这些数据将用于计算年度损益和本章后面的其他财务预测。

这个过程很简单，只要你一步一步来。下面是一个由八个步骤组成的过程，每一个步骤都从逻辑上衔接上一个步骤：

1. 市场细分。列出每个主要板块，分别进行预测。
2. 收入。在上一个财政年度，这个部门实现了多少收入？如果今年在某些方面不同寻常，你应该用一个"正常"的水平代替这一年的收入（计划书的第2章）。
3. 市场需求前景。在接下来的几年里，你对这个市场的增长有什么预期（最好列出每年增长百分之几，见第3章）？

4. 竞争地位。相对于竞争对手，你的公司在该市场的竞争地位如何？在接下来的几年里，竞争格局会发生怎样的变化？

5. 可能的收入增长。基于未来的竞争地位，你的公司会跟上、超过还是落后于市场需求的增长？可能的收入增长率是多少？

6. 自上而下的收入。根据市场驱动的预测增长率，由此产生的收入是多少？

7. 自下而上的收入。计划中的哪些举措会使该市场细分的销售增长速度高于（或低于）市场增长率。例如，通过推出（或取消）新产品，进入（或退出）新市场，赢得（或失去）新客户？或者在某一市场细分进行重大营销投资？这种自下而上的新举措在三年内可能带来多少额外收入？

8. 总收入。将市场驱动的收入和自下而上的收入相加，就得到了三年内每个市场细分的总预测收入。

这个过程的好处是透明。投资人将看到，你的收入预测：

■ 在每个市场细分中，与市场需求前景和公司的竞争地位保持一致；

■ 取决于销售和营销方面的新举措。

最好以表格形式呈现。流程中有八个条目，因此我们取八列，如表 7.1 所示。

表 7.1　作出基于市场的销售预测

业务部门	收入 /千英镑	市场需求增长 /%/ 年	公司竞争地位 /0～5分	预计收入增长 /%/ 年	自上而下的收入 /千英镑	自下而上的收入 /千英镑	总收入 /千英镑
	最近一年	未来三年	未来三年	未来三年	三年内	三年内	三年内
1	2	3	4	5	6	7	8
来源：	第 2 章	第 3 章	第 5 章	←　　　　　　第 7 章　　　　　　→			
A							
B							
C							
其他							
总计							

前四列很容易填写。在计划书的第 2、第 3 章和第 5 章中，你已经得出了这些数据。这里你只需要增加五至八列。

第五列是关键。可能的市场驱动的收入增长率必须符合：

■ 市场需求预测，详见计划书的第 3 章

■ 公司的竞争地位，详见计划书的第 5 章

■ 公司过去几年的业绩记录

这里有一个关于一致性的例子。如果你认为某个市场细分将稳步增长，且根据你的评估，公司处于有利的竞争地位（有业绩记录），在其他条件不变的情况下，你的业务应该与该市场同步增长。但是，如果你的计划是以更快的速度增长，那么你就需要提供令人信服的理由，说明如何增长。

投资人不一定会质疑你的高增长预测，只要它是一致的：假设你在某一业务领域的竞争地位始终强劲并将保持强劲（以 0～5 分来评分，你大约是 4 分。详见附录 A），并且有过去的市场表现作为证明。在这种情况下，你预测在未来继续跑赢市场，投资人应该不会否定你的假设。

但假设你在某一市场细分的竞争地位刚刚稳固（约为 2 分），而你过去的表现一直逊于市场。再假设你的竞争地位在未来不会有明显改善。在这种情况下，你预测在未来会跑赢市场，投资人会感到惊讶。你的预测与你未来的竞争地位以及你之前的业绩都不一致。

然而，假设你过去的表现不如市场，但最近你采取措施将竞争地位提高到有利的水平（约为 3 分）。在这种情况下，如果你预测与市场同步增长，那么至少有一些元素是一致的。投资人需要做的就是确认你确实采取了行动。

看一下表 7.2 中 RandomCo 公司的例子。作出这些预测的人视角混乱。一些预测似乎与市场前景和公司的竞争地位相一致，另一些则有出入。你可以试着自己填一下表格的最后一列。

你都答对了吗？你可能会想，这不现实。没有一个思维正常的人会预测市场细分 A 或 F 所能实现的收入增长。多年来，我遇到过无数这样的例子：一些优秀的公司作出可怕的预测。最糟糕的是所谓的"曲棍球棒预测"，即近期已经出现或即将出现销售下滑，随后将出现爆炸式增长。

表 7.2　小测验：RandomCo 基于市场的销售预测是否一致？

业务部门	收入 /千英镑	市场需求增长 /%/ 年	RandomCo竞争地位 /0 ~ 5分	预计收入增长 /%/ 年	预期收入 /千英镑	预测成真的可能性有多大？
	最近一年	未来三年	未来三年	未来三年	三年内	
A	10	5%	3.0	17%	16	☐
B	10	5%	3.0	5%	12	☐
C	10	5%	3.0	0%	10	☐
D	10	5%	2.0	9%	13	☐
E	10	5%	3.5 ~ 4.0	12%	14	☐
F	10	-2.5%	3.0	14%	15	☐

图例：1 = 最有可能　2 = 可能　3 = 不可能　4 = 最不可能；

答案：A:3,B:2,C:1,D:3,E:1,F:4。

在市场细分 F，市场需求将会下降，因此竞争会更加激烈。RandomCo 在这一市场细分的竞争地位并不高，因此，在其他因素相同的情况下，销售额很可能与市场一起下降。然而，这位预测者却在没有任何新举措的情况下，预测会出现远远超过市场的强劲的营收增长。这种预测十分荒唐，极不合理。

你可以在图表上添加一个额外的部分。由于历史业绩是评估预测业绩实现能力的一个重要因素，我经常在第二列之前增加两列，列出前两年的收入。然后在第二列之后增加一列，列出过去三年每个部门的平均年收入增长率。第三列被分成两部分，分别显示过去三年和未来三年的市场需求年平均增长率。我发现，放在历史背景下进行预测有助于将未来相对于市场的表现与过去相对于市场的表现进行比较。但我的一些同事和客户却认为，多出来的四列让图表显得笨重，且更难理解。

对于这些由市场驱动的销售预测，我想说最后一句话。大多数商业计划书中都没有这些内容。如果你把它们或类似的内容加到你的计划书中，并根据你的业务情况进行调整，你的计划书将会与众不同。这表明你了解你在市场中的位置，并对未来充满信心。这会给投资人留下深刻印象。

重要提示

投资人会在这些预测中寻找七个 C 中的三个：一致、连贯和可信。连贯的销售预测要与市场需求预测、公司的竞争地位和自下而上的销售计划保持一致。你对利润率的连贯预测要与行业竞争强度趋势和自下而上的利润提升计划保持一致。这样才能增强可信度。

竞争驱动的利润率预测

刚才，你把销售预测放在了市场需求的背景下。现在，你需要把利润率预测放在市场供应的背景下，换句话说，在竞争的背景下。同样，这会让你的计划书与众不同，给投资人留下深刻印象。

这个过程包括三个部分：当前盈利能力、竞争环境和预测利润。流程如下：

1. 业务部门。和上面一样，每次分析一个部门。

当前的盈利能力

2. 今年的收入。见表 7.1。

3. 今年的利润率。今年该业务部门的利润率是多少？

* 一般使用毛利润，即收入减去材料成本和其他直接成本。在有可用数据的情况下，更好的做法是再减去固定管理费用和可变管理费用。在许多小型企业中，不同业务部门的营销支出有很大差异。如果你的企业就是这样，你可以选择将营销定义为直接成本，相关的利润率是收入减去材料成本、其他直接成本和营销成本。

4. 今年利润。收入乘以利润率。

竞争环境

5. 最近的竞争强度。与其他业务部门相比，竞争有多激烈（高、中、低）？

6. 未来的竞争强度。未来几年，与其他业务部门相比，竞争有多激烈（高、中、低）？

预测利润

7. 计划利润率。你计划在三年内，在该业务部门实现怎样的利润率（%）？

8. 预测利润。表 7.1 中预测的收入乘以步骤七的计划利润率。

9. 计划实施的利润提升措施。你打算采取什么措施来提高你的利润率，

　进而实现你的计划利润率（第 5 章）？

同样建议用表格呈现。流程流中有九个条目，因此表 7.3 有九列。

填写表格所需的大部分数据都已经有了。第二列至第四列是当前各业务部门的利润率。在第五列和第六列中，你列出了当前的竞争强度以及未来几年可能发生的变化——第 4 章的结论。

第九列是利润提升措施，这些内容已经在第 5 章中讨论过了。在这里，你只需要标明正在进行或计划进行的具体举措。

现在你需要添加关键的第七列。第七列乘以表 7.1 中的收入预测即得到了第八列的数字。

决定第七列利润率预测可信度的因素有三个：

- 来自市场竞争力量的自上而下的外部定价压力（第五列和第六列）；
- 自下而上的运营计划：提高企业的成本效益（第九列）；
- 自下而上的投资计划：加强一项业务或启动另一项业务（同样在第九列）。

表 7.3　作出基于竞争的利润预测

业务部门	收入 / 千英镑	利润 / 千英镑	利润率 / %	竞争强度 / 低—中—高		计划利润率 /%	预估利润 / 千英镑	计划实施的利润提升措施
	最近一年	最近一年	最近一年	最近一年	三年内	三年内	三年内	
1	2	3	4	5	6	7	8	9
来源	← 　　第 2 章　　 →			第 4 章		第 7 章		第 5 章和第 6 章
A								
B								
C								
其他								
总计								

与前面一样，投资人会关注利润率预测的一致性。如果竞争变得更加激烈，定价可能会面临压力，投资人预期利润率会下降。如果你的计划显示利

润率出现了相反的变化，即上升，那么你需要用从下至上的结构来解释原因。

相反，如果竞争趋于缓和，而你预测利润率保持不变，甚至萎缩，投资人会认为你太过保守，除非你觉得有必要增加成本，也就是有自下而上的原因。

不管你计划降低成本还是提高利润率，各个元素都必须一致，这样才能让投资人信服。

与市场驱动的销售预测一样，你的竞争驱动的利润率预测也必须与众不同。很少有商业计划书会涵盖这些内容。加上后，投资人会觉得你的计划更可信。

为计划筹措资金

到目前为止，你已经有了一套由市场驱动的销售预测和一套由竞争驱动的利润率预测。你通过第 6 章的资源分析确定了资本支出需求。

在起草一套完整的预测账目之前，你应该停下来想想如何为你的商业计划筹措资金。如果你的预测显示出强劲增长，如果你的公司是一家初创企业，那么你很可能需要预先获得外部资金注入，以实现和巩固这种增长。

你正在写商业计划书这一事实恰恰表明你的企业需要一些资金、一些支持。如果你的公司每年都有足够的资金来支撑其发展，你很可能就不需要写商业计划书了，除非部门经理或董事会指示你这么做。

你的资金来源可能是股权或债务，也可以是二者复杂的组合。我们在这里只讨论分开的情况。

股权融资的巨大优势在于，它不需要还本付息，除非你的利润非常丰厚，以至于董事会决定支付股息。与债务融资不同的是，除非公司愿意，否则不需要向股东支付任何费用。

股权融资的弊端在于成本高昂。股权投资人期望获得与他们所承担的风险相称的回报率。对于一家成熟企业来说，这一比例可能高达每年 30% ～ 40%。如果是初创企业，他们很可能希望获得双倍的回报。

预期回报与企业的感知风险直接挂钩。风险越低，投资人要求的预期收益就越低。投资初创企业比投资成熟企业风险更大。风险投资人预计，在他们投资的初创企业中，每 10 个有 3 ～ 4 个会破产，另外 3 ～ 4 个做得还不错，最理想的情况下有 1 ～ 2 个会成为明星企业。如果你的商业计划书只给风险投资人 10% 的年回报率，他们会马上离开，因为他们实际上只有 10% ～ 20% 的机会能得到回报。这可不是什么划算的买卖。

债务融资要求获得固定回报，而这种回报与企业的业绩并不挂钩。它要求偿还固定利率，或者更常见的是一个特定基准利率上的固定利差，无论企业的业绩如何，都必须支付利息；无论是丰年还是枯年，都必须支付利息。

与股权融资相比，债务融资成本更低，但负担更重，灵活性也更差。

一般来说，你对自己的商业计划越有信心，你就越应该选择债务融资。如果你可以通过债务融资为未来的增长提供资金，那么一旦债务偿清，剩余的现金流就都是你的了。

但是最大化债务融资会增加财务不稳定的风险。在经济困难的时候，你有可能不得不卑躬屈膝地请求银行重组贷款和重新立约。银行可能会同意，但你要付出惩罚性的代价。银行也可能拒绝，让你倒闭。

这是一种平衡。如果你确实需要大量的股权缓冲，你应该努力论证你的理由，让投资人给你优惠的股权，能激励你最大限度推动企业利润增长的股权。对所有者和经理的激励措施包括：

- 你保留的股权比例大于你将注入企业的现金比例。假设企业需要 100 万英镑现金才能运转。你的股权投资人投入 90 万英镑，你投入 10 万英镑，但你从一开始就谈妥了股权比例，不是 10%，而是 1/3。
- 棘轮条款。即一旦公司达到某些预先规定的业绩目标，你的持股水平将增加。比如，你可能会先获得 20% 的股份，如果经营利润在第三年达到一定的水平，你的持股比例就会上升到 25%、30% 或 35%。

目前，你可以假设推动计划所需的资金全部来自债务融资。所有投资人都希望看到，假设资金全部来自债务融资，完整的财务预测会是怎样的。他们会想要对预测进行压力测试，以了解现金流对不利假设的敏感性，全债务资本结构能否经受住这种波动，如果不能，企业需要多少股本缓冲来度过艰难时期。

从企业现金流的角度来看，全债务融资的假设提出了最坏的情况。这是一个很好的讨论和协商起点。

完整的财务预测

你已经预测了未来三年公司的主要财务状况，并在市场环境中对销售额的走向进行了论证，你还阐明并证明了在竞争环境下，这些销售额会对你的管理费用作出什么贡献。

你已经在关于资源的第 6 章的相关章节中预测了企业的资本支出需求。接下来你需要预测损益表中的管理费用、利息和税收支出，以及现金流量表中的营运资本需求。

其余大部分财务预测都是会计的工作。但即便如此，还是需要完成这项工作，哪怕只是因为投资人希望你这么做。

令人沮丧的是，如果投资人是一家贷款公司，而不是你的董事会，它们会有自己的财务模型，并要求你在模型中填入你的销售和利润数。这意味着你之前为创建一套完整的预测账目所做的所有努力都是白费。

但这就是现实，这是你为了获得投资而付出的一部分代价。本节概述了你需要完成的基本财务预测。

你应该列出本年度的预算数字，以及三套不同但相互关联的三年预测：

- 损益表，包括管理费用
- 现金流，包括资本支出
- 资产负债表

让我们逐一来看。

损益表

损益表的最上面一行已经填好了。这就是销售预测。它是目前为止财务预测中最困难，也是最重要的一行。你还预测了毛利润，或者贡献，甚至混合贡献，限毛利润减去营销费用。

现在，你要填满损益表中间的部分，即各种直接成本项目，比如所销售商品的成本，以确保利润率在预测范围内。

在预测营业利润之前，就只剩下要管理费用了，这是最容易预测的成本项目。

似乎还没有开始，损益表就快要完成了！

让我们用表 7.4 来提醒自己在损益表中需要预测哪些项目。

表 7.4　损益表预测

损益表项目	注
销售	已完成！
减去直接成本	需与毛利润预测相一致（见注 1）
毛利润	已完成！
毛利率 /%	= 毛利润除以销售额
减去折旧	损益表中的主要非现金拨备（见注 2）
减去其他管理费用	分别预测各主要项目（见注 3）
营业利润	= 毛利润减去折旧及管理费用
营业利润率 /%	= 营业利润除以销售额
加上其他收入	特别是投资收入（见注 4）
EBIT	= 息税前利润（见注 5）
减去利息	净利息（见注 6）
PBT	= 税前利润
减去税项	看似容易（见注 7）
PAT	= 税后利润，即净利润，"底线"
净利润率 /%	= 税后利润除以销售额

注：

1. 你已经确定 3 年内的毛利率将达到的百分比。现在你需要预测各种直接成本项目，如原材料和直接人工，以确保第 3 年的毛利率在你的预测范围内。

2. 折旧不是现金支出，而是对未来资本支出的准备。根据定义，资本支出是一种不稳定的、一次性的投资，旨在将收益分摊到 1 年以上，有时是 5 年（比如一些 IT 投资）、7 年（一辆车）、10 年（设备）或 20 年（一栋大楼）。下一年你不需要再在这个项目上花钱，但是在未来的某个时候你会花这笔钱。你需要为此准备资金，税务机关会允许你用这笔资金抵税。一项资产的年度折旧备抵等于资本支出除以它的预期使用年限。摊销通常也加在这里，它表示对所获得的无形资产（如品牌价值）的资本支出，除以资产的预期使用年限。

3. 管理费用很容易预测，但是不要错误地认为"我们有足够的办公空间和员工来应对三倍的销量"。投资人不会相信你。的确，管理费用的增长速度往往不及销售额的增长速度。事实上，这是未来利润的重要来源。但是它们确实在上升。一些管理费用（比如销售职能）大约是销售额增长率的一半，其他的（比如管理职能）稍微慢一些。不要预测它们占销售额的比例会保持现在的水平，这太过保守，而且否定了增长目标。另外，也不要预测成本会增长太慢，以至于第三年的营业利润率变得高不可攀。

4. 投资收益是区分营业利润和息税前利润的项目，主要涉及其他公司（非子公司，子公司的业绩将并入你的公司账目）的少数股权派息收益。中小企业的账目通常没有这个项目。对于中小企业来说，营业利润和息税前利润通常可以并为一项。

5. 息税前利润（EBIT）是对一家公司进行估值时经常提到的一个参数，如"公司 ABC 的价值是 EBIT 的 X 倍"。现在更常用的另一个参数是息税折旧摊销前利润（EBITDA），即 EBIT + 折旧及摊销。它是损益表中与业务产生的税前现金（不是利润）最接近的指标。无论你使用 EBIT 还是 EBITDA 作为估值的基础，你都假设了一个纯股权资本结构，乘以适当的倍数后，你就得到企业的价值。这个值减去债务价值，就得到了股权价值。

6. 记住，这里不仅要包括公司为短期和长期债务支付的利息，还要包括公司在同一时期从银行存款中获得的利息。你所支付的净利息应该是 EBIT 和 EBT（或 PBT）之间的差额。

7. 税务计算是一门深奥的艺术，复杂的免税额和税率似乎只有享受高薪的税务顾问才知道。我们这里仅为了预测，请尽量简单。将公司税的标准税率用于计算 PBT，再减去累计纳税损失。

完成了！很简单。为了确认你已经掌握了所有要点，看看迪克·琼斯是如何预测达特谷酒店的盈亏的。

现在做一个测试。你今天的净利润率是多少？三年内的净利润率预计将增长到多少？这一预测合理吗？

如果它显著增长，推动增长的主要因素是什么，是收入增长、费用项目增长放缓，还是成本下降？这些假设合理吗？稳健吗？

达特谷的预测显示，净利润率从 15% 跃升至 24%。这是如何实现的呢？在像酒店行业这样的高固定成本行业，利润对数量高度敏感。通过增加客房数量和游客数量，达特谷将有更高的毛利润来分摊水疗中心和游泳池等设施的管理费用。从逻辑上讲，这是合理的。

你的净利润率预测合理吗？

现金流

这些是股权投资人最感兴趣的预测。投资人想知道他们需要向企业投入多少现金，以及企业每年需要投入多少现金才能产生投资回报。

我们从损益表、净利润或税后利润的最终结果开始，作一些调整，得出业务活动的现金影响，如表 7.5 所示。

所有这些现金流的最终结果，包括 12 个月内现金的流入和流出，代表了公司累积现金储备的增加或减少。在现金流预测中，为了清楚起见，最好假设这些现金储备保留在公司内部，而不在预测期内作为股利分配给股东。当然，在现实中，公司很可能会支付股息，并从公司提取不必要的高额现金储备。但出于财务预测的目的，你需要明确现金流量表上的现金盈余是如何积累的，以及资产负债表上的现金储备是如何积累的。

这就引出了你需要编制的最后一张财务报表：资产负债表。

表 7.5　现金流量表预测

现金流量项目	注
税后利润	损益表的底线
加折旧	加回折旧及摊销（见注 1）
营运现金流	＝扣除营运资本之前的营运现金流
减去库存变动	（见注 2）
减去债务人变动	（见注 3）
加上债权人变动	（见注 4）
经营业务现金流量	＝营运现金流减去营运资本
减去资本支出	（见注 5）
融资前现金流量	
加上提供的资金	（见注 6）
现金盈余（年度）	经过 12 个月的增加或减少后的最终现金储备
现金盈余（累计）	本期末留存在企业中的现金

注：

1. 折旧在损益表中属于非现金项目，所以需要加回现金流量表。换句话说，由于未来资本支出的折旧拨备通常数额巨大，因此一年的交易产生的现金要大于记录为"利润"的现金。

2. 这三项营运资本调整实际上是与时间有关的项目。今天购买的库存可能在数周内不会出售。营运现金流应减除库存增加量，再加上库存减少量。Excel 使营运资本预测变得简单。如果你今天的库存水平相当于 45 天的收入，那么用一年的收入变化乘以 45/365，就得到了库存持有量的增加量。

3. 今天可能有一笔交易，但以现金或银行账户登记的付款可能要到 10 天、30 天甚至 60 天之后才能收到。增加的应收账款（客户欠你的钱）应从营运现金流中减去，减少的应收账款则应在营运现金流中加上——就像库存一样。

4. 今天收到的货物可能与支付给供应商的货款不一致，可能会有 10 天、30 天，甚至 60 天的延迟。增加的应付账款（你欠供应商的钱）应加在营运现金流中，减少的应付账款应从营运现金流中减去——与库存和应收账款相反。它是你的企业的一个额外的资金来源。

5. 资本支出旨在为企业带来利益，且这样的利益应超过 12 个月的会计期。它只能以折旧费的形式，在资产的使用年限内分摊来抵税。在"资源"一章中，你列出未来三年每年在楼宇及工程、设备及车辆方面的资本开支计划。在这里，你要输入全年的资本支出总额。

6. 公司在过去 12 个月内获得的净长期融资应包括所筹集的贷款和 / 或注入的股本，减去部分或全部偿还的贷款。多年后，该项目将成为空白，因为业务增长所需的现金将从业务内部产生的现金中筹集，不需要从外部来源增加资金。

资产负债表

前两个报表代表了 12 个月内的流动情况：损益表是利润，现金流量表是现金，资产负债表则是实时快照。如果公司的财政年度在 3 月 31 日结束，那么资产负债表体现的就是公司截至 3 月 31 日午夜的财务状况。

它显示了你的公司那一刻持有的资产和所欠的债务。

它是银行家最喜欢的财务报表。股权投资人喜欢现金流量表，而银行家在欣赏其他两种报表的同时，最喜欢资产负债表。它显示了公司的债务情况。它告诉投资人，他们的贷款有多安全，如果出问题，有多少股权缓冲。这让他们知道自己是否有理由担心。

在 Excel 中，用损益表和现金流量表绘制资产负债表相当简单。它们都是相互联系的。资产负债表从上一个日期到当前日期的变化与你已经计算出的损益表和现金流量表相关项目的变化完全相同。

如果你还是觉得麻烦，有很多现成的软件包可以帮助你。上网找找看，比如名字很奇怪、在谷歌中排名靠前的 www.upyourcashflow.com，在购买之前先去一些评论网站看看。这些软件都有相似的功能。这不复杂，选择一个最易于终端用户理解的。

重要提示

如果卡住了，就休息一下。如果数字有出入，就先放一放。睡一觉后，神清气爽的你会瞬间找到电子表格中的错误链接或公式。

我要坦白，我以前从来没有根据损益表和现金流预测编制过一套资产负债表预测。当 Lotus 123 和 Excel 问世的时候，我已经是一个相当资深的顾问了，所以所有这些建模都是由我的初级同事完成的。我只需要检查他们的成果，以确保合理。

但为了写这本书，我想我应该自己试一试。和你一样，我也不是会计，所以我也是个外行。我在达特谷案例研究中尝试了这种方法。它并不难，但我还是犯错了。我花的时间比预想的要长。我花了整整一个上午来做资产负债表预测和对账。有些读者可能更聪明，速度更快。其他人可能比我更困难。如果你是后者，你可以选择买个软件。我做这个练习是想就可能出错的地方给你一些提示（参见表 7.6 的注释 3）。

表 7.6　资产负债表预测

资产负债表项目	注
流动资产	=现金和其他可在未来 12 个月内转换为现金的资产
库存	=年初持有的库存加上现金流量预测中年内库存水平的变化
债务人	=年初的债务人加上现金流量预测中年内债务人水平的变化
其他	=客户在年初的存款、预付款等，加上现金流量预测中年内这些数额的变化
现金	=现金流量预测中累积现金盈余的数额（见注 1）
总计	=流动资产总额
资本资产	=不易转换为现金，通常持有期限超过一年
年初固定资产净值	=年初的固定资产净额，即上一个资产负债表中显示的固定资产净额
加资本支出	=现金流量预测中年内的资本支出
减去折旧	=损益预测中的年内折旧
年末固定资产净值	固定资产成本减去从资产购置之日起至年末的累计折旧额
其他	=年初时持有的投资或无形资产（如有）的价值，加上现金流量预测中此类水平在年内的变化
总计	=资本资产总额
总资产	=流动资产总额加资本资产总额
流动负债	=预计在未来 12 个月内以现金支付给债权人的负债
债权人	=年初债权人加上现金流量预测中年内债权人水平的变化
税项拨备	=年初的税项拨备加上损益预测中的年内税项水平变动
短期贷款	=年初的短期贷款（即未来 12 个月内到期的贷款）加上现金流量预测中年内该类贷款的变化
总计	=流动负债总额
长期负债	=预计在未来 12 个月内不会以现金支付的负债
长期债务	=年初的长期债务，包括企业财产抵押贷款，加上现金流量预测中年内的任何变化（新借的贷款，减去已偿还的债务）
养老金给付义务	=年初的养老金义务（如有）加上现金流量预测中年内的任何变化
总计	=长期负债总额
所有者权益	=总资产减去流动和长期负债＝所有者对资产的剩余索求权＝净值
实缴股本	=年初至今累计以现金支付的股权投资加上现金流量预测中的年内追加注入的资金
损益表	=年初累计净利润 [即以往所有损益表中所有净利润（或亏损）的总和] 加上损益表中的年内净利润（或亏损）减去现金流量预测中的年内派发的任何股利（见注 2）
总计	=所有者权益总额
负债总额	=流动负债加长期负债加所有者权益＝流动负债加已动用资本（见注 3）

注：

1. "现金"数字当然可能分布在很多地方（收银台、活期账户、存款账户），但用于预测时，最好只有一个总数。这样可以直接与现金流量表中每年的累计现金盈余进行比较。它们是一回事。

2. 最好假设在预测期内没有派息。这样，投资人就可以清楚地看到损益（包括实收股本在内的所有者权益）是如何随着时间的推移在资产负债表中积累的，以及这种积累如何反映在流动资产的现金项目中。

3. 根据定义，总负债等于总资产。最好在电子表格中插入一个检查项——显示一个减去另一个的值。在任何时候，在所有单元格中，都应该是零。当然，也可能不是。在使用损益和现金流编制资产负债表时，可能会出错。如果单元格没有全部显示零，说明有一些区域出错了。你需要确保：

■ 在现金流预测中，你对营运资本的变化作了正确的区分。对于库存和债务人来说，库存增加是现金流出，但对于债权人来说，库存增加是现金流入。

■ 资产负债表中的现金行与现金流预测中的累计现金盈余行相同。

■ 年末固定资产净值既包括现金流预测中的年内资本支出，也包括损益预测中的折旧备抵。

■ 长期负债（无论是债务还是权益）的增加，都反映在当年固定资产净值的相应增加中（假设所筹集的资金是用于此用途）。

■ 资产负债表中的损益表项目是累计的历史损益，而不仅仅是当年的损益结果。

现在，你已经有了商业计划书所需的所有财务预测。你有市场驱动的销售预测、竞争驱动的利润率预测和一整套财务数据。

最后一个建议：确保你在整个过程中清楚地说明每一个预测假设的依据。就其本质而言，预测依赖判断。一个人的推理和另一个人的不一样。列出你的假设并证明它们。尽可能使用证据。

这些预测应该代表你的基本情况，即最可能的结果。它们不应该是你希望发生的情况，而应该是最有可能发生的情况。

在下一章，你将从不同的角度重新审视这些预测。如果一切顺利，会怎样？这就是所谓的有利的情况，股票投资人会乐于听到这样的消息。

如果出问题呢？这是不利的情况，银行家会想知道这些信息。

初创企业的预测

初创企业的市场驱动型预测不同于成熟企业。没有任何记录可以作为判断的依据。没有过去，也没有现在，只有未来。

即使这样，还是要作预测。在第 3 章中，你明确了目标市场，无论是现有市场、新市场，还是两者的变体。在第 5 章中，你评估了进入市场后你的竞争地位，以及在接下来三年中你的竞争地位会如何提升。

现在，你需要围绕这些预测提供一些数字。假设你要带着独特的商业主张进入一个现有的市场。这个市场的规模有多大？三年内，你可能占据多大的市场份额？这能转化成什么收入？

当然，这说起来容易做起来难。如果你打算在一个已经有三个移动电话网络的国家建立第四个移动电话网络，你可以很容易地找到有关市场规模（比如 10 亿美元）和增长率（10%/ 年）的数据，你还可以对你的市场份额的发展作出各种假设。你不太可能在三年内赢得 1/4（25%）的市场份额，除非你推出一款轰动性的或成本低得多的产品。但是，根据其他国家第四个运营商之前的经验，你可能希望通过密集的营销活动获得 8% ~ 10% 的利润，这将在三年内转化为 1 000 美元 ×1.33×0.09 = 1.2 亿美元的销售额。

中小型企业可能没有这样的数据。但是，根据你所处的市场和你的情况，你应该考虑尝试一下。你有可以填入表 7.7 的数据吗？投资人会很乐意看到如表 7.7 所示的收入预测。

表 7.7　为一家初创企业作出基于市场的销售预测

业务部门	市场规模 / 千英镑	市场需求增长 /%/ 年	预测市场规模 / 千英镑	公司竞争地位 / 0 ~ 5 分	预计市场份额 /%	预计收入 / 千英镑
	最近一年	未来三年	三年内	未来三年	三年内	三年内
1	2	3		4	5	6
来源：	←	第 3 章	→	第 5 章	第 7 章	
A						
B						
C						
其他						
总计						

这将使他们对自己即将进行的"赌博"的规模有一个概念。你是预测从零开始，赢得 25% 的市场份额？还是从 5% 开始？这是不同的赌注。

你预测以 3.5（有利到强劲）还是 2.5（可维持到有利）的竞争地位获得 25% 的市场份额？同样是不同的赌注。

如果你的商业主张不适合这种形式的分析，别担心。在达特谷酒店的例子中，我们就没有使用这个框架。这些数据很难得到，而且市场份额很小，容易产生误导。相反，我们使用了客房入住率和房价的基准数据。

重要的是在市场背景下进行销售预测。无论你选择什么方式，你都应该为投资人提供市场参考点。如果你能做到这一点，你的论据会更有说服力。

利润率预测也是如此。将它们置于竞争环境中对投资人最为有用。无论直接竞争还是间接竞争，都要尽可能地了解竞争对手的盈利能力。如果你知道竞争对手 × 的利润很高，营业利润率为 20%，那么在投资人眼里，你"到第三年实现 15% 的营业利润率"的预测将很容易实现。如果大多数对手只有 5% ~ 10% 的利润率，投资人就会觉得你 15% 的预测难以实现。

与销售预测相比，中小企业的利润率预测可能会受到数据的限制。你可能无法找到未来竞争对手的相关数据。但你可以寻找线索。有什么迹象表明你的竞争对手在蓬勃发展？企业主或管理者们是开着崭新的奔驰还是老式的蒙迪欧？

有了市场背景下的销售和利润预测后，你需要编制完整的财务报表，如上所述。为初创企业编制损益表和现金流预测表的过程与成熟企业一样，资产负债表预测的唯一区别是，开始一年的资产和负债都是零。

第一年资产负债表中的现金盈余与现金流量表中的现金盈余相同。资产负债表中的损益表权益条目将与损益表中的年度净利润相同。在接下来的年份，所有财务预测都将与成熟企业一样。

财务风险与机会

到目前为止，你已经确定了与市场需求（计划书的第 3 章）、行业竞争（第 4 章）、战略（第 5 章）和资源（第 6 章）有关的主要风险和机会。现在你需要加上最后一组风险和机会：与具体财务问题有关的风险和机会。

影响商业计划的最显著的财务问题有利率、汇率和税率。问问自己，如果这些数字发生重大变化，无论是有利的还是不利的，你的商业计划会受到多大程度的影响。

哪些财务风险相当有可能发生，并在发生后产生合理影响？这些是大风险（见第 3 章中的定义），如何减轻这些风险？有哪些大的机会？如何能利用它们？

所有重大的风险和机会，无论是财务上的，还是与市场、竞争、战略、资源有关的，都将在下一章讨论。

基本案例研究
达特谷酒店和东方温泉浴场商业计划书，2015 年

第 7 章：财务和预测

迪克·琼斯首先介绍了达特谷自 2011 年底开业以来的历史财务状况。他给出了主要的业务参数和三份重要的财务报表，与预测一起显示在表 7.9～表 7.11 中，并且只添加对投资者有用的解释性备注，包括以下内容：

- 回顾 2012 年，酒店的入住率可能看起来很低，但 39% 的比例在当时似乎是一项重大成就，远高于预期的 25%～30%。

- 2013 年以来，它们将平均达成房费（AARR）每年提高 7.5%，2015 年的预算进一步提高 3%。

- 2013 年初实现营业利润率的盈亏平衡，年底实现底线盈亏平衡，均提前完成计划。

- 营销支出在第一年达到了 2.5 万英镑的峰值，随着二期项目的投产，预计将恢复到这一水平，甚至更高。

- 在最初获得 50 万英镑的抵押贷款和 55 万英镑的所有者权益融资后，企业不再需要进一步的现金注入，自 2013 年以来经营性现金一直为正。

- 截至 2014 年底，所有者权益的账面价值已达 43.1 万英镑，到 2016 年似乎将超过 55 万英镑的投资额。这些数字没有考虑购买和装修以后房产价值的提升。

接着，迪克作出了一系列预测。他仔细阅读了本章关于如何作出市场驱动的销售预测的内容，但他觉得这些内容不直接适用于他的计划。毕竟，他计划将床位增加一倍，因此他的收入增长应该会比市场增长快得多。

尽管如此，他还是尝试了一下，因为这本书说，这会给投资人留下深刻印象（见表 7.8）。你瞧，这项工作很有用。它告诉投资人：

- 从市场的角度来看，即使没有第二阶段的扩建计划，达特谷也有能力跑赢市场。
- 主要通过两种主要方式实现：
  —— 凭借强大的竞争地位，达特谷的住宿收入增长快于市场。这主要是通过上调房价而不是通过提高入住率来实现的，因为达特谷的入住率已经很高了。

表 7.8　达特谷的销售预测实现的可能性有多大？

业务部门	收入/千英镑	市场需求增长/%/年	公司竞争地位/0～5分	预计收入增长/%/年	自上而下的收入/千英镑	二期获得收入/千英镑	总收入/千英镑
	2014 年	2014—2019 年	2014—2019 年	2014—2019 年	2019 年	2019 年	2019 年
1	2	3	4	5	6	7	8
来源	第 2 章	第 3 章	第 5 章	第 7 章			
住宿	326	3～4	3.6～3.9	5	416	217	633
餐饮	82	2～3	3.3～3.5	3	95	64	159
水疗	105	4～5	3.5～4.1	7.5	151	133	284
总计	513			5.2	662	414	1 076

  —— 随着达特谷服务范围的不断扩展和知名度的提高，即使在没有二期设施的情况下，也能从水疗服务中获得更多的收入，包括过夜游客和日间游客。
- 到 2019 年，超过 3/5 的收入将来自现有业务，其余的收入将来自二期项目。

迪克仔细考虑了是否要根据竞争作出利润率预测的选项，但他认为这样做没有好处。他觉得在预测期内竞争不会明显加剧。第 4 章中确定的一个新进入的直接竞争对手的风险将在第 8 章中单独讨论。

迪克接着作出了 2019 年的财务预测，并列出了三个主要的财务报表预测（见表 7.9～表 7.11）。他将这些数据与 2012—2014 年的历史数据以及 2015 年的预算进行对比，向投资人展示连续性和一致性。他对损益表的解释性备注如下（见表 7.9）

- 假设 2017 年新客房投入使用后，平均达成房费下降 10%，入住率下降

20%；考虑到最近几个月客满，以及今明两年良好的预订情况，迪克认为这些假设是合理的。

● 假设员工成本增加一倍，分摊在客房清洁、服务、烹饪和水疗服务，而酒吧、前台、账目或花园的成本不会增加。

● 计划在 2016 年和 2018 年分别进行一次大规模的营销活动。

● 假定筹集 100 万英镑的 100% 的债务融资。

● 预测显示，到 2019 年，营业利润率将从目前的约 20% 增长到 33% 左右，盈利能力的增强反映了收入翻倍的影响，而管理费用基数增加较慢。实际上，截至预测期末，营业利润率仅比 2015 年的预算高出 50%。

根据现金流预测（见表 7.10），迪克观察到，在二期投资之后的三年里，达特谷平均每年将通过经营获得超过 30 万英镑的现金。

根据资产负债表的预测（见表 7.11），迪克注意到，所有者权益的账面价值将在期末超过 100 万英镑。他很满意。

由于迪克承担了所有的债务融资，因此解决了利率上升的风险问题。3% 的涨幅意味着每年要额外支付 3 万英镑的利息，迪克认为，运营产生的现金将足够支付这笔费用。但银行家们会考虑市场和战略风险，这将在下一章讨论。

表 7.9　达特谷 2016—2019 年损益预测　　　　　　　　　　单位：千英镑

	实　　际			预　算	预　　　　测		
	2012 年	2013 年	2014 年	2015 年	2016 年	2017 年	2018 年	2019 年
平均可用房间数 / 间	17	17	17	17	17	33	33	33
平均达成房费 / 英镑 / 晚	64.1	69.5	73.9	75.5	79	70	72	74
平均入住率 /%	39.2	55.9	71.4	75.0	75	60	65	71
收入								
客房	155	240	326	354	368	506	564	633
餐厅和酒吧	45	65	82	87	87	135	145	159
水疗	76	92	105	109	109	263	273	284
总收入	276	397	513	550	564	904	982	1 076
销货成本	−14	−15	−20	−22	−22	−34	−36	−40
毛利润	262	382	493	528	542	870	946	1 036
毛利率 /%	94.9	96.2	96.1	96.0	96.1	96.2	96.3	93.3
费用								
董事的薪酬	−100	−100	−100	−100	−100	−100	−100	−100

续表

	实　际			预　算	预　　测			
工资	-64	-71	-77	-80	-84	-173	-178	-184
维护	-16	-15	-22	-20	-20	-35	-37	-40
煤气、水电	-15	-17	-19	-20	-22	-35	-37	-40
电信和 IT	-7	-7	-9	-10	-11	-11	-12	-12
保险	-10	-11	-11	-12	-13	-20	-20	-20
车辆运行	-5	-5	-6	-6	-6	-7	-7	-7
管理	-7	-7	-8	-8	-9	-12	-12	-12
营销（包括差旅）	-25	-18	-22	-20	-30	-30	-25	-20
房产税	-10	-11	-11	-12	-13	-20	-22	-25
杂项	-19	-9	-14	-20	-20	-30	-30	-30
总费用	-278	-271	-299	-308	-328	-478	-480	-490
息税折旧摊销前利润	-16	111	194	220	214	397	466	546
折旧	-101	-101	-101	-101	-101	-185	-185	-185
息税前利润	-117	10	93	119	113	212	281	361
投资收入	0	0	0	0	0	0	0	0
营业利润	-117	10	93	119	113	212	281	361
营业利润率 /%	-42.4	2.5	18.1	21.6	20.0	23.5	28.7	33.6
利息	-35	-35	-35	-35	-35	-105	-105	-105
税前利润	-152	-25	58	84	78	107	176	256
税前利润率 /%	-55.1	-6.3	11.3	15.3	13.8	11.9	18.0	23.8
累计税前利润	-152	-177	-119	-35	43	151	327	584
税	0	0	0	0	-16	-23	-37	-54
税后利润	-152	-25	58	84	62	85	139	203
税后利润率 /%	-55.1	-6.36	11.3	15.3	10.9	9.4	14.2	18.8
累积税后利润	-152	-177	-119	-35	27	112	251	454

表 7.10　达特谷 2016—2019 年现金流预测　　　　　单位：千英镑

	实　际			预　算	预　　测			
	2012 年	2013 年	2014 年	2015 年	2016 年	2017 年	2018 年	2019 年
税后利润	-152	-25	58	84	62	85	139	203
折旧	101	101	101	101	101	185	185	185
营运现金流	-51	76	159	185	163	269	324	387
营运资本变动								
存货变动（增加 = -）	-1	0	0	0	0	-1	0	0
债务人变动（增加 = -）	-23	-10	-10	-3	-1	-28	-6	-8
债权人变动（增加 = +）	11	0	1	0	1	6	0	0
净变动额（增加 = -）	-12	-10	-9	-3	0	-23	-6	-8

续表

	实　　际			预算	预　　测			
经营业务现金流量 （=销售收入减去费用支出）	-63	66	150	182	162	246	318	380
资本支出								
建筑和工程	-996	0	0	0	-1 030	0	0	0
设备	-15	0	-4	-9	-15	-2	0	-5
车辆	-30	0	0	0	0	0	-10	-5
总计	-1 041	0	-4	-9	-1 045	-2	-10	-5
融资前现金流量	-1 104	66	146	173	-883	244	308	375
融资								
财产抵押	500	0	0	0	1 000	0	0	0
已缴股本	550	0	0	0	0	0	0	0
年度现金盈余	-54	66	146	173	117	244	308	375
现金盈余（累计）	-54	11	157	331	448	692	1 000	1 375
股东现金流入净额	-604	66	146	173	117	244	308	375
股东现金流入净额（累计）	-604	-539	-393	-219	-102	142	450	825

表 7.11　达特谷 2016—2019 年资产负债表预测　　　　单位：千英镑

	实　　际			预　　算	预　　测			
	31.12.12	31.12.13	31.12.14	31.12.15	31.12.16	31.12.17	31.12.18	31.12.19
流动资产								
股票	1	1	2	2	2	3	3	3
债务人（= 　应收账款）	23	33	42	45	46	74	81	88
其他（存款、 　预付款等）	0	0	0	0	0	0	0	0
现金	-54	11	157	331	448	692	1 000	1 375
总计	-31	45	201	378	496	769	1 084	1 466
资本资产								
年初固定资 　产净额	1.041	940	843	751	1 695	1 596	1 422	1 242
减去年内 　折旧	-101	-101	-101	-101	-101	-185	-185	-185
年末固定资 　产净额	940	839	742	650	1 594	1 412	1 237	1 058
其他（例 　如投资、 　无形资产）	0	0	0	0	0	0	0	0

续表

	实 际			预 算	预 测			
总计	940	839	742	650	1 594	1 412	1 237	1 058
总资产	909	884	943	1 028	2 090	2 181	2 321	2 524
流动负债								
债权人（=应付账款）	11	11	12	13	13	19	20	20
税项拨备	0	0	0	0	0	0	0	0
12个月到期的短期贷款	0	0	0	0	0	0	0	0
总计	11	11	12	13	13	19	20	20
长期负债								
长期债务	500	500	500	500	1 500	1 500	1 500	1 500
养老金给付义务	0	0	0	0	0	0	0	0
总计	500	500	500	500	1 500	1 500	1 500	1 500
所有者权益								
实缴股本	550	550	550	550	550	550	550	550
损益表 A/C b/f	0	−152	−177	−119	−35	27	112	251
当年损益表	−152	−25	58	84	62	85	139	203
减去已付股利	0	0	0	0	0	0	0	0
损益表 A/C	−152	−177	−119	−35	27	112	251	454
总计	398	373	431	515	577	662	801	1 004
总负债	909	884	943	1 028	2 090	2 181	2 321	2 524
检查：总资产减去负债	0	0	0	0	0	0	0	0
	是！	是！	是！	是！	是！	是！	是！	是！

财务和预测基本要素清单

制定一套基于战略背景的财务预测。让投资人看到，你对市场供需（计划书的第3章和第4章）以及公司战略和资源配置（第5章和第6章）的分析合理地转化为第7章的数字。

你应该提供以下资料：

- 预测损益表——销售额根据市场需求进行计算，利润将根据行业竞争情况进行计算。

- 预测现金流量表——在损益表中，推动利润增长所需的资本支出必须一目了然，并在第 6 章的资源分析中得到体现。

- 预测资产负债表——在假定的资本结构（债务与权益的平衡）下如何实现你的预测。

最后，列出可能影响你的商业计划的重大财务风险和机会。

注意，不要添加与商业计划书无关的财务细节。特别是：

- 除非你的企业陷入困境或刚刚起步，否则不要列出每月的财务预测。如果你的企业有严重的现金困难，则需要提供每月的数据。否则只需要提供年度数据。如果你的公司是一家初创企业，那么提供前三个月的月度数据、到年底的季度数据，以及一年以后的年度数据。

- 你的预测数据不要过度精确，给投资人增加负担。三年内的销售额肯定不会是 1 654 729.43 英镑，所以不要用这样的数字。也肯定不会是 1 654 729 英镑，大概率不会是 1 655 000 英镑。"约 166 万英镑"，这样的精确度就足够了。三个或最多四个重要数字足以让投资人作出决定。

少即是多。细节越少，越清晰。

8

第8章 风险、机会和敏感性

"在汉语中，'危机'一词由两个字组成。一个代表危险，另一个代表机会。"

——约翰·F. 肯尼迪（John F. Kennedy）

本章要点

- 认识太阳乌云图
- 太阳和乌云会告诉你什么
  - 异常风险
  - 平衡
  - 银行家和投资人看到的是不同的天空
- 敏感性测试

大部分工作都已经完成了。你明确了公司所处的市场环境，它在市场中的定位，以及未来几年你的战略将如何部署公司的资源。你根据上述条件作了一系列财务预测。

你现在要做的是找出这些预测中哪些地方可能会出错，哪些会比预测的更好。

换句话说，这些预测背后有哪些风险和机会？这些风险和机会发生的可能性有多大？如果发生了，会有什么影响？

好消息是你已经完成这些工作。不是一部分，也不是大部分，而是全部。你已经在商业计划书每一章的结尾，列出了你遇到的风险和机会。不是一般的风险和机会，而是大的风险和机会。

我们在第3章中将大风险（或机会）定义为：

- 发生的可能性中等（或很高），影响很大；
- 发生的可能性很高，影响中等（或很高）。

在撰写计划书的过程中，你不断总结这类大的风险和机遇，它们与市场需求（第3章）、行业竞争（第4章）、公司的竞争地位和战略（第5章）、公司的资源（第6章）和你的财务预测（第7章）有关。现在，你需要把它们组合起来，进行权衡，并回答一个关键问题：机遇会超越风险吗？

我有工具可以帮助你。

认识太阳乌云图

我在20世纪90年代初发明了太阳乌云图。从那以后，我常常看到我的竞争对手们以各种形式将它复制到报告中。它们说模仿是最真诚的奉承，但我还是后悔当初为它申请版权！

它之所以不断被抄袭，是因为它真的有用。它按照计划书中所有主要问题的相对重要性总结出一个图表，显示了是机会（太阳）比风险（乌云）更耀眼，还是乌云遮蔽了太阳。简而言之，这个图表告诉你，你的计划是否值得投资。

　　图 8.1 迫使你从两个角度看待每一个风险和机会：它发生的可能性有多大；如果真的发生了，会产生多大的影响。你不需要量化其影响，只需要知道每个问题对公司价值的相对影响。

　　在图表中，风险用乌云表示，机会则用太阳表示。风险或机会发生的可能性越大，你就越应该把它沿着横轴往右放。在图 8.1 中，风险 D 是最有可能发生的，风险 B 最不可能发生。

　　风险或机会发生时的影响越大，你就越应该把它放在纵轴上较高的位置。在同一张图中，机会 B 的影响最大，机会 C 的影响最小。

　　你要把每个风险或机会放在图表上的适当位置，同时考虑两个因素：可能性和影响。

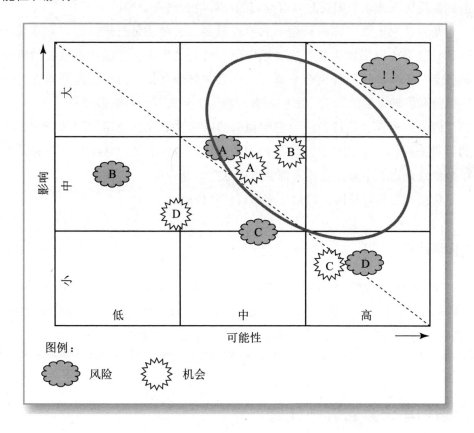

图 8.1　太阳乌云图

即使一开始意义不大，也不用担心。这个图表会随着进一步的思考和讨论而发生变化。很少有例外。它最大的优点是刺激讨论。我经常做 100 张幻灯片左右的演示文稿，偶尔也会提出几个需要澄清的问题。每当太阳乌云图出现时（往往在演示快结束时），它会在屏幕上停留半个小时或更长时间。它激发讨论，引发修正。客户会用 10 ～ 15 分钟讨论某个风险或机会的准确位置，以及如何才能让它的位置更加有利。

记住，这个图表无法做到 100% 精确，也没有必要。它是风险和机会的图示，旨在让你感受到在你的业务中风险和机会的平衡。

是否要在商业计划书中使用太阳乌云图取决于你，99% 的计划都不会有它。所以如果你用了它，你的计划将会与众不同，投资人会敏锐地看到它。但如果投资人就这个图表向你追问问题，你能做出有力的回应吗？

是否让它出现在你的计划书中并不重要，关键的是思维过程。你必须在你的计划书中以形象化的方式体现风险和机会的平衡，把那些不重要的风险和机会与重要的风险和机会分离开。你必须屏蔽背景噪音，让投资人看到这些风险和机遇背后的隐喻，那些最有说服力的元素将为你赢得投资。

因为投资人会这样做。他们或他们的顾问很可能会使用太阳乌云图这样的工具来评估风险和机会。这是他们的工作，是他们的日常工作。不管是为了分析还是出于本能，投资人都会思考这些问题。

你必须准备好从同样的角度来回答这些问题。

重要提示

一份好的商业计划书需要满足 7C 标准。最后一个 C 是"有说服力（Convincing）"。你对风险和机会的分析要满足这个标准。如果你能让投资人相信你的企业所面临的机遇大于风险，你就可能赢得投资。

太阳和乌云会告诉你什么

太阳乌云图会告诉你两件事：是否有任何异常风险或机会；风险和机会的整体平衡是否有利。这两件事决定了你的计划是否值得投资。

异常风险

看图 8.1 的右上角。那里有一大片雷雨云，还有两个感叹号。这说明这是一个大风险，且发生的可能性极高。这是致命的风险。如果投资人在你的计划书中发现一个这样的风险，那就完了——你的计划不值得投资。

一朵乌云离雷雨云越近，它就越糟糕。徘徊在对角线（从左上角到右下角）的风险是可以处理的，只要它们被机会所平衡。但只要有一朵乌云开始向雷雨云靠近，例如到达机会 B 所在的位置，投资人就会有逃跑的冲动。

但是，想象一下，在雷雨云所在的地方，有一个明晃晃的太阳。这是个了不起的消息，投资者会争先恐后来投资。

投资人发现惊人的大风险，这种情况并不鲜见。想想 BBC 优秀的电视节目《龙穴》。大多数有抱负的企业家都没能获得投资。让投资人却步的往往只是一个风险，这个风险让投资人很难相信会有人购买这款产品或服务。或者他们会认为企业家努力了这么长时间，投入了这么多，收益却如此之少。又或者产品太贵，无法产生利润。每一种风险在投资人看来都极有可能发生，而且影响巨大。每一个都是右上角的雷雨云，每一个都很致命。

有些风险是巨大的，但不太可能发生，但并非绝不会发生。这些都不是致命风险。它们是左上角的风险。如果我们过分担心不太可能发生的事情，我们就永远无法前进。当然投资人也不会投一分钱。

2001 年秋，我和同事就是否要投资一家从事机场运营的公司为一位客户提供咨询。在第一周的工作结束后，我们编写了一份中期报告并绘制了一份简明的太阳乌云图。在左上角，我们写上了"重大航空事故"的风险。我们考虑的是一场可能导致普通飞机长时间停飞的严重空难。这似乎不太可能，但如果真的发生了，将产生非常大的影响。几天后，发生了"9·11"事件。我们从未想到会发生如此灾难性、如此不可思议的灾难，但至少我们提醒了客户航空业的极端风险。这笔交易经过重新谈判，最后成功达成。

平衡

一般情况下，对于大多数投资决策来说，不存在致命风险。太阳乌云图的主要目的是展示风险和机会的平衡。机遇是否大于风险？从整体来看，太阳的位置是否比乌云的位置更有利？还是乌云遮蔽了太阳？

评估太阳乌云图的方法是：首先看对角线上方的区域和雷雨云的方向。也就是图8.1中椭圆所覆盖的区域。这里的任何风险或机会都值得注意。它们可能会发生，并且会产生合理的影响。

对角线下方的风险和机会就不那么重要了。它们要么可能性低至中等，影响低至中等，要么不够大，不足以引起重视。

投资人会看椭圆这个区域的太阳形态，并与乌云的形态进行比较。太阳和乌云离雷雨云越近，就越重要。如果太阳的形态看起来比云的形态要好，投资人会感到欣慰。如果乌云遮住了太阳，他们就会担心。

在图8.1中，对角线上方有两朵乌云和两个太阳。但风险D并不在抛物线上。位置最好的是机会B。风险A和机会A或多或少地相互平衡，其他风险和机会也如此。机会B非常显眼。机遇似乎超过了风险。这项业务看起来值得投资。

太阳乌云图最大的一个优点是它可以做成动态的。如果图表中显示的风险和机会的平衡是不利的，你可以努力改变并通过动态图表清楚地展示。

对于每一个风险，都有缓解风险的因素。许多风险，包括那些与市场需求和竞争有关的风险，都是你无法控制的，尽管有些风险可以投保。不过，你可以对那些与公司竞争地位有关的风险施加影响，你可以采取措施来提高竞争力和降低风险。确实有一些风险完全在你的控制范围之内。你甚至可以将它们从图表中删除。

同样，你的公司也可以通过主动采取一些行动来提高抓住机会的可能性。

太阳乌云图中的风险缓解或机会强化可以用箭头和目标标志来表示。它们会告诉你公司应该瞄准哪里，并提醒你这是一个目标，并改善计划中风险的整体平衡。

典型案例

披头士的风险和机会

如果1962年初，你在帕洛风唱片公司（Parlophone）担任音乐制作人，你会投资披头士吗？这是一家杰出的唱片公司，此前从未投资过任何摇滚艺人。当时有几十个年轻的摇滚乐队，推广人员坚持不懈地去各个唱片公司为他们做宣传。其中一个乐队——披头士乐队，已经在汉堡进行了几次巡演，并在他们的家乡利物浦的一家夜店发展了一批粉丝。

　　另一家唱片公司宝丽金（Decca）曾对他们表示了兴趣，但最终拒绝了他们，转而投资另一支相似的团体：Brian Poole and The Tremeloes。宝丽金的几位高管认为（用一句经典名言来说）"吉他乐队正在消亡"。如果你的唱片公司第一次尝试投资摇滚乐队，你会选择这四个来自利物浦的拖把头小伙子吗？让我们看看图 8.2 中的太阳和乌云。

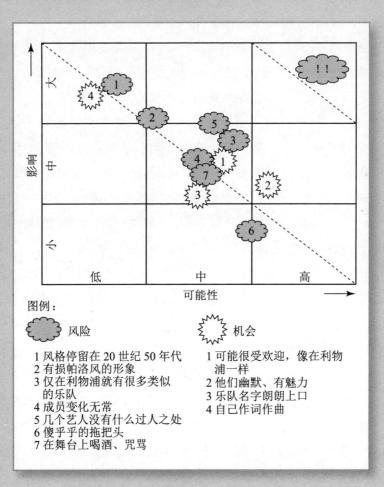

图 8.2　1962 年初披头士面临的风险和机会

　　这不是一个容易作出的决定。一方面，有这么多的乐队（风险 3），披头士并没有展现出什么惊人的音乐造诣（风险 5）。另一方面，他们似乎幽默而富有魅力（机会 2），而且，凭借在汉堡的经验，他们在利物浦赢得了一批忠实粉丝（机会 1）。这四点最为突出，两个风险和两个机会，位于对角线上方，在抛物线内（见图 8.1）。

　　你会想，如果你拒绝了他们，没人会责怪你。但你有预感，他们有一些过人之处。也许他们可以提高音乐能力。也许他们可以被推销出去。也许其中的一些风险可以得到缓解——也许他们可以提升唱歌和创作能力，并（按照合同要求）停止在舞台上喝酒和咒骂。你决定投资他们。

　　作为这个故事的后记，让我们设想一下，一年后，也就是 1963 年春天，投资决定会发生怎样的变化。在他们的第一张专辑发行后，你会支持他们吗？答案显而易见，但是我们不妨想想太阳乌云图现在看起来会是什么样子。

　　一年之后，披头士的第一首单曲 *Love Me Do* 进入英国前 20 名。他们的第二首单曲 *Please Please Me* 和他们的第一张同名专辑在单曲和专辑排行榜上都高居榜首。好景会长吗？他们会不会像他们的前辈一样昙花一现？

　　你当时并不知道，他们的专辑会霸占榜首整整 30 周，直到被他们的第二张专辑取代。他们的第四首单曲 *She Loves You* 成为史上最畅销的单曲，超过了他们的偶像埃尔维斯·普雷斯利（Elvis Presley）的热门单曲。这样的辉煌持续了十多年。

　　你知道的是，你在前一年作了正确的决定。你也大大低估了他们作为音乐人的能力。他们能创作脍炙人口的歌曲。太阳乌云图变成了图 8.3 的样子。

　　早期太阳乌云图上的所有风险都已退居左侧，变得无足轻重。甚至乐队解散的风险也大大降低。与此同时，机会令人眼花缭乱。作为表演者，他们人气飙升；作为词曲作者，他们潜力惊人。最重要的是，一个巨大的新机会出现了（机会 5）。他们能成为第一个令美国观众惊叹的英国组合吗？

　　1963 年春天，你会投资披头士乐队吗？太阳和乌云说明了一切。如果你知道中奖号码，你会去买彩票吗？

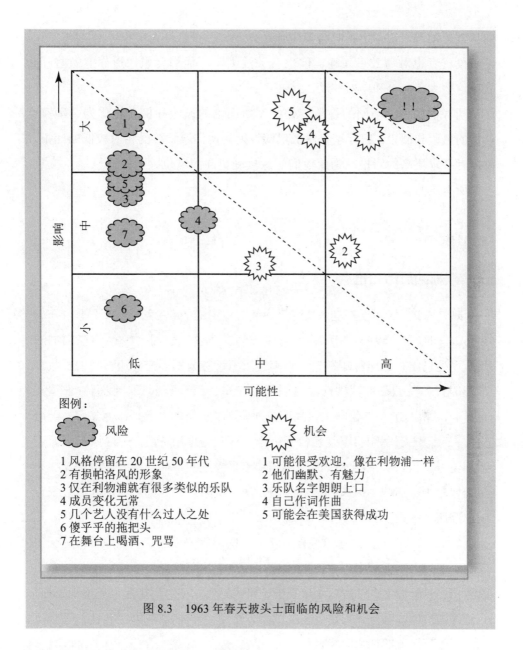

图 8.3　1963 年春天披头士面临的风险和机会

银行家和投资人看到的是不同的天空

太阳乌云图可以展示给任何投资人,无论是董事会、投资者还是贷款人。但他们会从不同的角度来解读它。

银行家们关注乌云。他们想知道哪里会出问题,哪里会出严重问题。他们甚至想知道一切都出错时会发生什么。

投资者也对乌云感兴趣，但也会关注太阳。他们会想知道你能做些什么来让这些太阳向上和向右移动。

同样的图表，不同的视角。企业家所面临的风险和机会转化为金融家们分析的风险和回报。银行家喜欢低风险，因为他们愿意接受相对较低的回报。投资者寻求更高的回报，为此他们愿意接受更高的风险。

所有这些都显示在太阳乌云图上。

典型案例

沃尔沃斯的风险和机遇

现在看来，沃尔沃斯的消失仍然令人难以置信。弗兰克·沃尔沃斯（Frank Woolworth）于1879年在宾夕法尼亚州创立了这家公司，1909年在利物浦开业，但它给人的感觉却是一家充满英国气息的公司。它伴随着我们长大：孩提时代，我们在那里挑选混合糖果和玩具；青少年时期，我们去那里买唱片、磁带、CD；作为学生，我们去那里选购便宜的餐具；作为父母甚至祖父母，我们去那里购买童装和校服，当然还有糖果和玩具。分店所在的新克罗斯见证了第二次世界大战期间英国本土最惨烈的事件，当时被德国V-2火箭直接击中，造成168人死亡。然而，沃尔沃斯未能等到它的100岁生日，就已经消失不见了。

2008年秋天的金融危机像是骆驼身上的最后一根稻草，彻底压垮了沃尔沃斯。在那之前已经有很多不利因素，但沃尔沃斯始终是零售业巨头。它是糖果市场的领导者，在娱乐和玩具市场排名第二，在家居用品市场位列第四，儿童服装市场排第五。它是英国第八大零售商，营业额达20亿英镑。怎么可能只要1英镑就把它给卖了呢？

想象一下，你正在为一位擅长扭亏为盈的专家提供建议，并假设它能够持续经营。在这种情况下，风险和机会的平衡状态如何？一幅太阳乌云图（指示性图表，并非根据内部信息绘制）可能会对回答问题有帮助，见图8.4。

情况并不乐观，乌云无处不在。即使资产负债状况良好，也没有投资人会在这样的风险下投资。主要的价值项原本应该是在线业务，但这被 Shop Direct（前身是 Littlewoods）直接收购了。Shop Direct 还买下了 Ladybird 品牌。

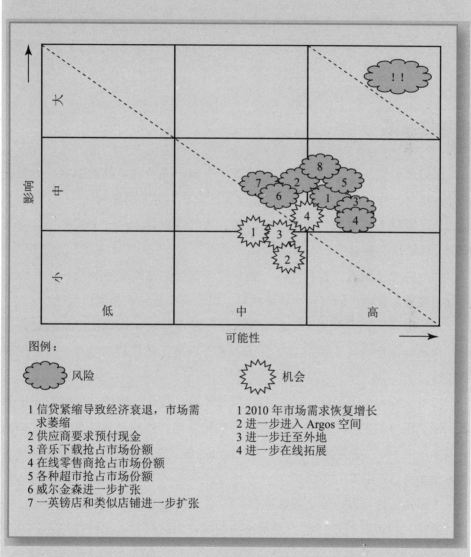

图例：

风险　　　　机会

1 信贷紧缩导致经济衰退，市场需　　1 2010 年市场需求恢复增长
　求萎缩　　　　　　　　　　　　2 进一步进入 Argos 空间
2 供应商要求预付现金　　　　　　3 进一步迁至外地
3 音乐下载抢占市场份额　　　　　4 进一步在线拓展
4 在线零售商抢占市场份额
5 各种超市抢占市场份额
6 威尔金森进一步扩张
7 一英镑店和类似店铺进一步扩张

图 8.4　2008 年末沃尔沃斯面临的风险和机会

沃尔沃斯未能适应不断变化的消费者需求。它囤积的娱乐产品更新换代很快，它很难在价格上与超市竞争，它无法像专业娱乐零售商那样提供更广泛的服务，像 Virgin、Our Price、Tower、Zavvi 和 HMV 等公司的市场也在被侵占，首先是电子商务，然后是下载。最后，沃尔沃斯的定位限制了它，它不能像一英镑店及后来者那样纯粹依靠价格进行竞争。很遗憾，沃尔沃斯已落后于时代。

敏感性测试

太阳鸟云图的 Y 轴显示了对现金流的影响，或者对价值的影响。但图表只显示相对影响，即一种风险会比另一种风险产生更大的影响。

但是投资人可能想知道具体的影响。他们希望你量化一个或多个风险或机会，并给出实际数字。

你最好先发制人，提前准备一些量化的数字。这就是敏感性测试。你测试财务报表，看看它们如何对特定风险、机会或一般的调整作出反应。

这很容易做到，如果你已经在 Excel 上或用专业软件建立了你的财务预测，你就能方便地将参数的修正值插入电子表格，并看到影响波及财务报表的底线。

找出 3 ~ 4 个大风险，给它们分配具体的、量化的影响，并观察对损益表和现金流预测的影响。还要注意银行家们最感兴趣的一般性风险，比如运营成本上升 5%，或关键资本项目支出上升 20%。然后看结果，这样就能知道财务预测对这些情况有多敏感。

下面是达特谷酒店的敏感性分析。

最后，你可以向银行家们展示不利情况，即把两种、三种或更多的风险结合起来，考察它们的累积影响。但要小心，无论你的不利情况多么保守、多么不可能，银行信贷委员会的人都会深入挖掘。他们会找出更多风险的更大影响，直到你的损益表像一个战场。

所以，在展示不利情况时，要轻柔，并平衡有利情况。告诉投资人：在有利情况下，太阳乌云图中的机会会实现，并且 / 或者对基本情况下的财务预测有更大的影响。

你的基本情况预测是你认为最有可能发生的情况。它们是在市场和竞争环境下连贯地制定的。坚守这些预测，不要过度悲观，要乐观！

重要提示

在敏感度测试中保持务实。在过去，这是理所当然的。每次测试都需要花费很长时间进行艰苦的手动计算，因此只有有意义的测试才会被考虑。如今有了电子表格，任何测试都可以在一毫秒内完成。不要对不可能的数值或场景进行测试，这样会激怒投资人。只测试合理的可能性。

基本案例研究
达特谷酒店和东方温泉浴场商业计划书，2015 年

第 8 章：风险、机会和敏感性

在画出他们的太阳乌云图后，迪克·琼斯和凯·琼斯十分惊讶。在制订商业计划的过程中，凯一直在努力帮助迪克梳理重大风险，无论是市场需求和行业竞争方面的风险，还是达特谷的战略、资源和财务方面的风险。

他们设想银行家会如何看待这些风险，并觉得自己很保守，比四年前创办这家公司时要保守得多。

然而，当他们绘制太阳乌云图（见图 8.5）时，它看起来阳光灿烂，非常有利。他们想知道自己是不是太不务实了。

也许不是。他们发现的大多数风险都是低概率和 / 或低影响的。根据上面的定义，这些风险并不大。只有一项似乎值得放在对角线的右边：二期入住率的增长比计划中要慢（见图 8.5 中的风险 6）。

另外，有一个机会，一个太阳（机会 2）十分耀眼：达特谷概念，它已经在第一阶段得到证实，将在第二阶段推广，在财务上更加可行。

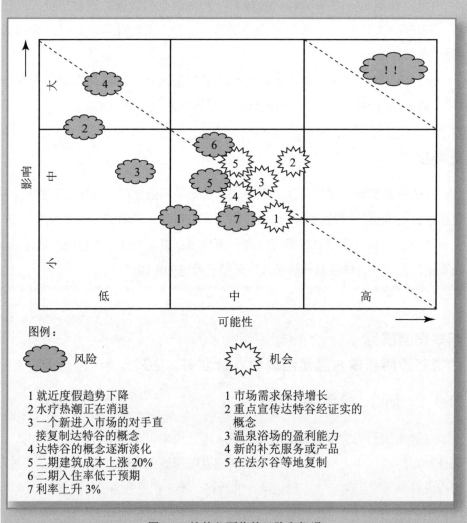

图例：

风险

机会

1 就近度假趋势下降
2 水疗热潮正在消退
3 一个新进入市场的对手直
  接复制达特谷的概念
4 达特谷的概念逐渐淡化
5 二期建筑成本上涨20%
6 二期入住率低于预期
7 利率上升3%

1 市场需求保持增长
2 重点宣传达特谷经证实的
  概念
3 温泉浴场的盈利能力
4 新的补充服务或产品
5 在法尔谷等地复制

图8.5 达特谷面临的风险和机遇

　　其他抵消风险6的机会包括：将水疗服务转变为可以独立盈利的部门（机会3），而不是为招揽顾客而削本出售的服务；推出补充服务和产品（机会4），比如一日游、运动旅游和芳疗产品。

　　最后，还有机会在其他地方复制达特谷的成功（机会5）。迪克和凯锁定了一家坐落在康沃尔法尔谷的民宿。民宿的氛围悠闲缓慢、建筑风格独具特色，是复制达特谷的理想选择。老板计划几年后退休。即使这笔交易的时机不合适，当时机成熟时，市场上也会有其他选择。

达特谷很可爱。它拥有健康的损益和资产，最保守的银行家会以这些资产作为抵押发放贷款，并预测现金流，而更具冒险精神的银行家和股权投资者会觉得这些资产很有吸引力。

至于达特谷能否吸引 100% 的债务融资进行二期投资，则是另外一个问题。尽管机遇似乎比风险更突出，但它是一项高负债的业务。换句话说，它的固定成本比例很高。当一切进展顺利时，这是好消息，但当事情进展不顺利时，就会出大问题。

迪克认为，银行家们需要看到某些关键参数的压力测试，尤其是那些标在太阳乌云图上的参数。他作了一些敏感性测试，如表 8.1 所示。

迪克认为，二期建筑成本膨胀 20% 对税前利润（PBT）的影响似乎是有限和可控的。未来，由于较高的折旧 / 较低的税率，它对现金流的影响微乎其微。影响主要体现在成本发生的那一年，即 2016 年，届时需要为 20 万英镑的增量现金流出寻找融资。

表 8.1　达特谷敏感性测试

	税前利润 / 千英镑		现金流 / 千英镑	
	2017 年	2019 年	2017 年	2019 年
商业计划书	107	256	244	375
敏感性测试				
二期建筑成本上涨 20%	94	243	247	377
入住率下降 15%	−6	113	164	273
以上两种情况同时发生	−19	100	167	276

如果入住率低于计划的 15%（例如，2017 年的入住率为 51%，而不是预期的 60%），对损益的影响就会大得多。2017 年损益表会出现亏损，2019 年利润预测将减半。不过，尽管现金流有所减少，但仍为正数。

迪克可以证明，这种下降的可能性不大。2017 年 51% 的整体入住率意味着二期新客房的入住率仅为 23%（商业计划书中预测的入住率为 44%），但酒店在 2012 年运营的第一年就实现了 39% 的入住率。

不过，迪克明白，银行家看待问题的态度往往较为悲观。他们会觉得太阳乌云图中风险 6 的发生概率较高。迪克认为，要获得 100% 的债务融资会是一个相当大的挑战，但他会尝试一下。

关于风险、机会和敏感性的基本要素清单

通过考虑以下因素，列出并衡量实施商业计划所面临的重大风险和机遇：

- 发生的可能性。
- 一旦发生，对现金流的影响。

你可以使用太阳乌云图工具，即使不想把它包含在计划书中，至少给你自己看。

关于风险的性质，你要向投资人保证：

- 你的计划书中没有致命风险。
- 总的来说，机会大于风险。

最后，量化某些关键的风险和机会，并在敏感性分析中评估它们对财务预测的影响。表明你的现金流预测能够承受来自特定风险通常的不利影响。

表明你的计划是稳健的、值得投资的。

9

第 9 章　结论

"不是你驾驭生意，就是生意驾驭你。"

——本杰明·富兰克林（Benjamin Franklin）

本章要点

- 结论
- 执行摘要
- 投资亮点

差不多完成了！现在只剩结论和执行摘要了。可能还要一个"投资亮点"部分。要把最好的留到最后。这些部分一定要有冲击力，要让投资人大呼惊艳！

结论

这是最有趣的部分。是的，所有艰苦工作都已经完成了。在每一章中，你都进行了严肃的研究和思考，关于市场需求、竞争、战略、资源、财务和风险。

你现在要做的就是从每个章节中提取主要结论，并将它们编织成一个连贯的故事，故事有完整的背景，其中包含打动投资人所需的所有元素。这大约需要半页纸。

故事线应设置如下。

关于为什么你的业务值得投资的总体结论（用以下标题呈现你的主要研究结果，最好用粗体）：

- 市场需求前景。按主要业务板块陈述你对市场需求的结论（计划书的第3章）。
- 竞争。关于"竞争是否激烈以及是否会变得更激烈"的结论（第4章）。
- 战略。关于"公司竞争地位以及为进一步增强竞争优势所制定的战略"的结论（第5章）。
- 资源。关于"公司将部署哪些资源来实施该战略并实现目标"的结论（第6章）。
- 财务状况和预测。关于"公司如何在未来几年增加收入和营业利润率"的结论（第7章）。
- 风险、机遇和敏感性。计划书中关于"公司面前的机会胜过风险"的结论（第8章）。

你可以把这些结论写成半页纸的普通文本，也可以用上面的格式，以六个带项目符号的句子支撑整体结论。

如果你选择后一种格式，那么请尽量简洁。努力做到开门见山。每个要点不应超过一句话。可以有几个逗号，必要时可以使用一些限定短语，甚至可以使用一个破折号或冒号，但一定不要超过一句话。

你的故事越冗长，投资人就越难理解你是如何得出整体结论的。结论本身也应该只有一句话。它应该回答这样一个问题：为什么这项计划值得投资？

重要提示

把最好的留到最后。让你的结论具有冲击力。记住 7C 原则：清晰（Clear）、明了（Crisp）、简洁（Concise）、一致（Consistent）、连贯（Coherent）、可信（Credible）、令人信服（Convincing）。

基本案例研究
达特谷酒店和东方温泉浴场商业计划书，2015 年

第 9 章：结论

达特谷酒店二期扩建的计划书已接近尾声。计划书的撰写过程十分愉快，每一页都倾注了迪克对这份事业的热忱。他会想念这个过程的。

以下是他清晰、简洁、由六个项目组成的结论。

达特谷与众不同，在不断增长的市场中处于有利地位，并有望成为南德文郡领先的、高利润的水疗服务提供商。即使有建设成本超支或入住率增长放缓的风险，我们仍有机会利用经证实的理念达到预期目标：

- 市场需求前景。在经济低迷时期，英国西部的旅游市场因"就近度假效应"而得到暂时提振，在未来几年应该会保持坚挺，三星级和四星级酒店表现更好。
- 竞争。行业竞争激烈，进入门槛低，有特色的酒店蓬勃发展，入住率高于平均水平。

- 战略。达特谷酒店的优越位置和东方风情的设施在三年中赢得了强有力的竞争地位，入住率预计在 2015 年达到 75%，二期投资到位后，达特谷将成为南德文郡领先的水疗服务供应商。

- 资源。二期投资 105 万英镑，这些投资将用于在酒店现有 17 间客房的基础上增加 16 间客房，还将新建一个游泳池，员工数量将翻番，宣传力度将恢复到一期初期的水平。

- 财务状况和预测。预计到 2019 年，达特谷酒店的销售额将翻一番，实际管理费用将大大超过 50% 的预期；利润率将从 2015 年的 21.6% 提高到 34%。

- 风险、机遇和敏感性。即使有建设成本超支或入住率增长放缓的风险，我们仍有机会利用经证实的理念达到预期目标。

迪克想，这应该能奏效。是时候彻底打动银行经理了。

执行摘要

执行概要，商业计划书的第 1 章，是结论的延伸版本。

它应该与结论部分有相同的整体结论，甚至可能其是相同的一句话。但和结论部分不同的是，执行摘要不是一句话概括一个要点，而是几个段落说明一个要点。

执行摘要应占两页 A4 纸，如果有表格或图表，也可能占三页或四页。每页六个段落，平均每个要点两个段落，或者需要用一个到两个项目符号。

同样，在第 9 章的结论中，记住你的执行摘要必须清晰、简洁、令人信服。

不要把执行摘要当成累赘而置之不理。你在陈述一个理由时，要说明为什么你的公司值得投资。你的案例将被充分研究和分析，也必须被很好地呈现。没有什么比执行摘要中的陈述更重要了。对于所有读者来说，这将是他们最先阅读的几页。董事会或银行的高层决策者们只会读执行摘要，不会看其他内容。

花点时间好好打磨和修改，甚至可以把它交给一位专业编辑。这可能是你做的最好的投资。

经过完善后，它就成为商业计划书的第 1 章。

让我们温习一遍本书第 1 章中达特谷案例的执行摘要。希望它能让你知道如何使你的计划书清晰、连贯、有说服力，最终赢得投资！

基本案例研究
达特谷酒店和东方温泉浴场商业计划书，2015 年

第 1 章 执行摘要

达特谷酒店和东方温泉浴场（以下简称"达特谷"）是一个与众不同的度假胜地。它坐落在南德文郡，俯瞰壮美的达特河谷。在这里，游客们可以领略充满东方风情的客房、美食和水疗服务。酒店有 17 间客房；温泉浴场和餐厅也对日间游客开放。酒店 2014 年的营业额为 51.3 万英镑，自 2012 年以来每年增长 36%，2015 年的营业利润率有望超过 20%。此外，酒店还将投资 105 万英镑扩建 16 间客房和一个游泳池，预计到 2019 年，销售额将翻一番，营业利润率将提高至 34%。过往的数据表明，投资有望带来可观的回报，足以抵御成本超支或入住率增长缓慢的风险。

达特谷有三个主要的业务部门：客房、餐饮和温泉浴场。客房收入增长最快，平均每年增长 45%，温泉浴场收入（占总收入的 20%）增长较慢，每年增长 18%。这是由于一开始非住店游客的大力推动（起点较高，因而后续增长空间有限），以及随后的容量限制。二期扩建后，容量限制的问题将得到缓解。

2014 年，英国西部地区的旅游市场价值 2.25 亿英镑（数据来源：英国旅游局）。对西部旅游市场而言，重要的长期驱动因素包括英国人口和人均收入的增长，以及越来越多的人开始每年多次度假。2008 年以来的主要短期推动力是金融危机对国内旅游业的提振，即所谓的"就近度假效应"。2013 年至 2014 年，随着经济复苏和海外游的恢复，西部旅游市场的价值增长开始放缓，预计未来几年市场将保持平稳。

在德文郡和英国西部有许多不错的酒店、旅馆和民宿。行业竞争激烈，

入行门槛低，入住率取决于规模和位置，通常随着时间的推移不断提高。其中，最有特色的几家酒店生意蓬勃，拥有很多回头客。在德文郡的乡村，温泉浴场并不像在普利茅斯那样的大城市那么普遍，但在邻近的托基和托特尼斯有几个不错的温泉。那里的酒店还提供中国菜、泰国菜、日本菜和越南菜等东方美食。

达特谷有两个主要特色：优越的地理位置（俯瞰英国最壮美的山谷）和东方风情。酒店氛围含蓄低调，卧室装潢透出东方气息。温泉浴场除了标准水疗，还提供东方疗法。餐厅既有东方美食，也有欧洲菜肴。游客可以从中自由选择。自 2011 年 12 月开业以来，酒店入住率从 39% 增加到 56%，又增加到 71%，今年保守估计可达 75%。过夜游客的餐厅使用率上升到 35%，温泉使用率增至 26%，均高于预期。

2010 年，迪克和凯以 71.5 万英镑的价格买下了酒店的永久产权，其中 50 万为抵押贷款。他们还自己花了 28 万英镑用于装修，全身心投入酒店经营，聘请了三名全职员工，视需要还会雇用兼职。专业水疗师按要求签约。

2013 年（即开业后的第二年），酒店实现收支平衡；2014 年税前利润为 11%，今年预计可增长到 15%。迪克和凯相信，计划中的二期扩建将极大地提高盈利能力。新建筑将耗资 105 万英镑，包括 16 间客房和一个室外恒温游泳池。除融资成本外，管理费用将增加 50%，但保守估计到 2019 年入住率将恢复到 2013 年的水平，收入将翻倍。假设董事薪酬不变，2019 年营业利润率预计将达到 34%，税前利润为 24%。快速增长将带来现金流挑战，迪克和凯希望投资人的投资有一定弹性。

该计划的主要风险有：入住率增长缓慢，原因包括经济复苏步伐加快，导致就近旅游人数进一步下滑；竞争对手开业；常客对酒店产品和服务兴趣下降或酒店知名度不够；工程延误；酒店业主出现健康问题——计划书对所有这些问题都做了深入分析，得出的结论是以上风险均可控。

增长机会在于，通过利用成熟的概念进行营销，引入新的互补服务或产品，提升温泉业务的利润率以及收购另一个酒店（三期项目）来提高入住率。例如，收购一家法尔谷的酒店，复制康沃尔的东方水疗理念。

总之，达特谷酒店已成为西部地区旅游业的重要参与者，为游客提供别致的住宿、餐饮和休闲体验。通过二期扩建，它将成为南德文郡水疗服务领域的领导者，并获得可观的利润。酒店业主希望找到与自己有同样愿景的财务合作伙伴。

投资亮点

可能还需要添加最后一个元素。如果你希望获得股权融资，特别是如果你想出售你的公司，你可以考虑加上"投资亮点"。

我不喜欢看投资亮点。作为金融家的顾问，我对它们持怀疑态度。它们散发着推销的气息。我会快速浏览这个部分，然后继续阅读计划书的其他板块。

但它们很常见。它们通常出现在一份机密信息备忘录（CIM）中，这是一份由公司财务顾问在拍卖情况下向出售公司部分或全部股权的卖方提供的文件。

CIM 本身就是一个推销文件。好的 CIM 其实就是管理层的商业计划书，只不过以 CIM 的格式呈现，同时保持商业计划的平衡。CIM 会提到待解决的风险，并提出规避风险的措施。风险不会被掩盖。

一份糟糕的 CIM 无异于一场灾难。它读起来像是一个狡猾的房地产经纪人的销售说辞。它说到了公司的所有优点，而且夸大了，却对缺点只字不提。它像经典的推销辞一样，用抒情的语调对这栋爱德华七世时期的半独立住宅的宽敞房间进行粉饰，但却唯独不提一点：它坐落在一条双车道旁。房子"可能会从翻新中受益"，这意味着屋顶需要更换，内部需要清理，甚至在重新装修之前需要修理电气、供暖、管道和墙面。

一个糟糕的 CIM 中的投资亮点会是什么样子呢？会像一份强行推销文件中最强硬的部分。这些年来，我见过不少可怕的投资亮点，比如下面这些（它们都经过了适当的伪装）：

■ "ABC 公司面对的是一个蓬勃发展的市场，在过去三年里这个市场翻了一番"——是的，它当时正处于崩溃边缘，而大西洋海底电缆即将出现严重产能过剩。

- "DEF 是唯一一家总部在英国的生产商"——是的，其他所有生产商都已退出市场，因为其结构不合理，无法与来自远东的设计精良的低成本产品竞争。

- "GHI 是该市场牙科领域的领军企业"——是的，但该产品在牙科领域的需求有限，仅占公司销售额的 3%。

如果你想加上投资亮点部分，这里有一些建议：

- 不要复制执行摘要——保持简短和清晰，把项目符号限制在 6 个以内，最多 10 个。这些要点应该突出投资人选择将稀缺资源注入你的公司而不是其他公司的关键原因。

- 不要单独设立章节——只需在"执行摘要"章节中放置一个文本框。投资亮点部分无疑会重复执行摘要中的一些内容，但两者必须是相互独立的文本：一个总结商业计划，另一个列出对投资者的主要吸引力。

- 不要误导对方——一旦被对方发现，交易就泡汤了，无论你的公司有多好，商业计划有多合理，投资回报有多诱人。

让你的投资亮点部分成为简短的销售广告，但要用柔和、低调的语气。整个商业计划书应保持理性、平衡、以事实为依据。

基本案例研究
达特谷酒店和东方温泉浴场商业计划书，2015 年

投资亮点

迪克·琼斯希望从银行筹集到达特谷二期项目所需的资金。不过，他知道，银行经理很可能会要求更多的股本缓冲，以防后期的发展偏离计划。

因此，迪克准备在商业计划书的执行摘要一章中加入下面的文本。尽管夫妇俩不愿意放弃达特谷 15% ~ 20% 的家族股权，但他和凯还是愿意支付这个价格，以推进第二阶段的启动。他认为，这些投资亮点应该会有吸引力，同时令人信服。

投资亮点

达特谷酒店和东方温泉浴场业务有以下价值驱动因素：

- 在风光旖旎的地区提供独特的旅游服务
- 可抵御市场衰退
- 运营四年后，客房入住率为 75%
- 管理有方

  - 二期投资 105 万英镑，增加客房数量和一个泳池，使其成为该地区领先的水疗服务供应商。

  - 预计到 2019 年，销售额将接近翻番。

  - 到 2019 年，营业利润预计将增至 36 万英镑，利润率为 34%，高于 2015 年的 15%。

  有可能在英国西部的其他地区复制这一概念。

  酒店业主希望通过股权融资筹集 35 万英镑，其将以少数股权作为交换。

这是一个难得的投资机会。

第 3 部分

使用你的计划

10

第 10 章　陈述你的计划

"人生中还有比死亡更可怕的事情。你试过和保险推销员一起度过一个晚上吗？"

——伍迪·艾伦（Woody Allen）

本章要点

- 突出重点
- 使用演示文稿（PPT）
- 传递信息

你有了一个计划。它清晰（Clear）、明了（Crisp）、简洁（Concise）、一致（Consistent）、连贯（Coherent）、可信（Credible）、令人信服（Convincing）。这样就行了吗？

还没有。现在你需要把它推销出去。

应该不难。毕竟，这个计划是从投资人的角度来写的，你需要做的就是把它放到投资人的桌子上，问他们，这样行吗？

从理论上讲，你可以这样做。但在实践中，适度的"推销"可以大大推进这个过程。什么时候推销呢？在陈述的时候。关于陈述，首先要记住的是，它也是演讲的一种形式。

演讲的一个极端是站在伦敦海德公园演讲者之角的肥皂箱上滔滔不绝。或者，想象一下，大卫·劳埃德·乔治身着翼形领燕尾服，一头飘逸的白发，用凯尔特式的激情和演讲术蛊惑着他的信徒们。

演讲的另一个极端是一对一交流，也就是交谈。你站在某个场地的中央，向三四位甚至十来位听众介绍你的商业计划的优点。

这意味着你需要遵循一些演讲方面的基本原则。关于这一点，我专门写了一本书：《站立、说话、传道：公共演讲秘籍》（*Stand, Speak, Deliver! 37 Short Speeches on How to Survive — and Thrive — in Public Speaking and Presenting*）（利特尔 & 布朗出版社，2015 年）。这是一本寓教于乐的书，下面是书中几个与本章主题相关的要点。

突出重点

演讲的第一条黄金法则就是了解你的听众。

如果你在妇女协会发表演讲，最好别说粗俗的笑话。或者做足功课，在你的演讲中恰到好处地加点"料"，抓住中老年妇女们的耳朵。

如果你要在会议上向一百多名观众演讲，想想如果你是观众，你想要看到和听到什么。是 55 分钟的分析加 5 分钟的问答？还是 40 分钟的混合内容，在分析中穿插例子和逸事，然后是 20 分钟的问答？听众希望从你那里听到什么？思考这些问题的答案。

向潜在投资人推销你的计划也一样。你必须了解你的听众，知道要向谁推销。事先对投资人进行调查：他们以前投资过谁、为谁提供过贷款？拒绝过谁？为什么？他们希望获得什么？什么东西能让他们心动？

尽可能了解推销的确切对象，以决定整个陈述要非常严肃，还是要穿插一些趣闻逸事，甚至幽默元素。如果无法获得有关投资人喜好的信息，那么先保持直白，然后根据对方的暗示做出回应。

了解投资人的时间预期，大多数人一小时后就会想要离开房间。了解他们的穿着喜好，是职业套装还是后互联网时代的休闲便装。记住演讲界的那句老话：要像房间里穿得最得体的人一样穿着。

最重要的是，要知道你是在向投资人推销还是向银行家推销，或者两者都是。

如果是前者，那么整个陈述要强调好的一面——透露机会可能会让你获得超级棒的结果和回报。

如果你是在向银行家推销，不要过多强调积极面——他们真的不感兴趣。坦率地说出不利的方面，不要把它们掩盖起来，同时也要具体说明你将如何减少或完全避免这些风险。

根据对象修改演示文稿的实际措辞，以便让你的听众感受到其中的微妙之处。但是要注意，为投资人量身定制的演示文稿可能会进入银行家的收件箱，而银行家可能已经收到了为他们定制的演示文稿，他们喜欢玩"大家来找茬"的游戏。

最安全的做法是：在演示文稿中使用较为中性的措辞和语气，在演讲过程中使用适当的措辞体现细微差别。

至于推销的结构，无论你向谁推销，都应该是一样的——首先回答关键问题，即"为什么我们应该支持 ABC 有限公司"。答案不必非要用"你们应该支持 ABC 公司，因为……"这样的句式，而是应该将其隐含在这样的陈述中：ABC 公司在"一到两个关键成功因素"方面的竞争优势使其能够赢得"某个具体"市场的份额（这个市场的年增长率为 $X\%$），并在未来三年内实现 $Y\%$/

年的营业利润增长。

接下来的结构应该与附录 D 中达特谷酒店的示例大致相同，它遵循了商业演示的黄金法则：

- 告诉他们你想说的话——参见执行摘要，在那里，每一章的主要结论被汇总在报告的总结论之下。
- 详细告诉他们你想说的话。
- 告诉他们你已经对他们说过的话——还是执行摘要，把它作为章节之间的分隔页。

这看起来有点重复，特别是对于那些不习惯这种格式的人来说。但我建议你接受它。它能让你的陈述重点突出。它是一个强大的沟通工具，尤其是在商业世界。它真的有用。

使用演示文稿（PPT）

你将使用 PPT 来做演讲。不要以为你能像《龙穴》中野心勃勃的企业家一样，用 5 分钟的高谈阔论赢得投资。

那是电视节目，是娱乐。在现实世界中，投资人还是想看 PPT。他们会要求你在他们面前放一本纸质版的计划书，这样他们就可以在你讲述的时候在上面涂鸦。对了，根据文字的密集程度，每张纸上打印 2 ～ 4 张幻灯片的内容，这样不至于太重，投资人可以把它们带回家。

我喜欢 PPT。它迫使你简洁。

但它却被人诟病，被人嘲笑，不是因为它是什么和能做什么，而是因为人们用它做了什么。商业人士滥用 PPT 已经到了犯罪的程度。

这一切都源于对它用途的误解。你是把 PPT 作为演示和陈述时的一个视觉辅助备忘录还是作为一个记录文件？又或者两者兼而有之？

如果是前者，请记住"一图胜千言"的箴言。尽可能多地使用图片或图表，尽可能少地使用文字。如果你必须在纯辅助备忘录演示文稿中使用文字，请遵循以下几个简单的原则：每张幻灯片一个标题，最多 4 个项目符号，每个项目符号最多 4 个字。平均每张幻灯片 15 ～ 20 个字。

当 PPT 被用作记录文件时，麻烦就开始了。最严重的"罪犯"是那些在财务尽职调查报告中使用 PPT 的大型会计师事务所，它们用海量图表和极少的文字，努力将尽可能多的信息塞进一张幻灯片。这是一种亵渎——这不过是一份横向格式的报告，一点都不聪明。

你可以选择准备两份单独的文件，一份 PPT 形式的纯辅助备忘录，一份 Word 或 PPT 形式的计划。或者一份将两者结合起来的 PowerPoint 文档。

我个人倾向于将两者结合起来，这样就只会有一份商业计划文件。下面这三种方法可帮助你增强演示效果并增加 PPT 的可读性。

- 尽可能使用图表、表格和图片，少用动画。
- 把尽可能多的数据和冗长的内容塞到附录中，这些内容不是用来展示的，但在必要时可以快进到附录，以强化某个观点或解答投资人提出的具体问题。
- 讲故事，在每页的顶部用一到两行标题总结当页 PPT 的内容，在主体部分写上支撑要点，用较小的字体、以缩进格式列出补充材料。这样，你只需看着标题，就能讲出这张幻灯片上的内容。也可以加上一两个项目符号，但不要用子项目符号（它们只用于记录）。参见附录 D 中达特谷酒店的故事。

总之，要使用 PPT，但不要滥用 PPT。可以创造性地将它用作辅助备忘录，或者作为陈述加记录文件，辅以简明的故事和翔实的附录。

最后，PPT 切忌太长。有位演讲者曾"大言不惭"地说："正如我们在第 289 页幻灯片中所看到的那样……"

传递信息

你有了一个为受众量身打造的演示文稿，它简洁有力、结构清晰。你现在要做的是把它陈述出来。

关于如何最有效地进行演示，我可以再写 100 页，但我的出版商会抗议。所以在这里我只能介绍商业演讲的五大技巧。

但在开始之前，请记住：PPT 文档不等于演讲本身。你是主讲人，从你嘴里说出来的才是演讲。PPT只是演讲的辅助工具，或者一份供他人日后阅读的记录文件。

演讲的成败在于你。你要把信息以令人信服的方式清晰地传递出去。

而这往往是事情出错的地方，以至于我有时怀疑在商业世界里有一种亚文化：人们认为说清楚话是不符合商业习惯的，任何这样做的人都会被认为华而不实！

你必须抵制这种荒谬的现象。

首先是声音。不知道为什么，太多的商业演讲者演讲时都会用错声音。有些人觉得应该尽可能随意或悠闲，以至于他们的表达索然无味。另一些人认为，既然大家都坐在同一张桌子旁，因此不必大声说话。事实是，商业演讲与其他演讲一样，你应该假定自己在与离你最远的人对话。而且要充满活力，就像与对话的那个人是你最好的朋友一样。

其次是手。我自己也有这个毛病：一边说着重要的话，一边用手托着额头（男士常常这样！）。这会立刻使声音失去所有的活力。更糟的做法是，说话时手托着下巴。这完全切断了交流。这些人是怎么回事？如果你要阻挡你的声波到达听众的耳朵，为什么还要说话呢？在演讲时请让你的手远离你的脸！

你会问，我应该把它们放在哪里呢？答案是"除了脸之外的任何地方"。如果你想成为一名优秀的演讲者，你需要学会一个默认的手部姿势：放松地垂在身体两侧，时不时地举起一只手或两只手，做出特定的手势来增强效果和强调。

但商业演讲不需要这样。投资人会记住你的表达方式、你的信息和你的PPT，而不是你的手。只要让它们远离你的脸就可以了。

最后，与声音和手同样重要的是目光。你几乎肯定会用PPT，也就是说，当你对着听众说话的时候，你眼睛看着PPT。但这并不意味着对着幻灯片讲话——这是另一个非常常见的错误。主讲人一边讲，一边低头看笔记本电脑或打印出来的文件。更糟的是，看投影图像时背对着观众！

你看过多少次这样的情况？主讲人在商业场合这样做，听上去令人难以置信，但这的确屡见不鲜。你每说出一个字都应该看着听众。你必须这样，否则会给人留下不确定、不自信，甚至摇摆不定的印象，更不用说你的声音很难被听清了。

要做到这一点，记住三个要素：阅读、转移和释放！阅读笔记，将你的视线转移到听众身上，然后，也只有在这时，才释放信息。说话时，不要看你的笔记本电脑、打印件或屏幕。

我的倒数第二条演讲技巧是将目光和声音相结合。仅仅因为你有一个结构优美、论据充分的 PPT，并不意味着你应该逐字逐句地向你的听众朗读。这样做会让他们觉得无聊、迫不及待想离开——他们可以在回办公室的路上、在出租车里更快地阅读。

将 PPT 作为提示，而不是脚本。如果你离开脚本就不能谈业务，连一小时都做不到，那你就不配得到资助。PPT 是给投资人的参考文件，同时作为你的提示和指导，可以让你的案例有说服力。再强调一次：要用，但不要滥用。

最后一个技巧简单：享受过程！把你对企业的热情传递给投资人。让他们和你一样对你的事业感到兴奋。让他们想要加入进来，参与冒险，和你一起创业。

总而言之，不要让你的演讲影响你的计划。突出重点，利用 PPT，用充满活力的声音、有意义的手势、自信的眼神交流，大量的即兴表演有目的地传递你的信息，最重要的是充满激情。让他们刮目相看！

11

第11章　设定目标

"在备战时，我总是发现，计划书是无用的，但计划的过程是不可缺少的。"

——德怀特·艾森豪威尔（Dwight Eisenhower）

本章要点

- 选择关键绩效指标
- 设定里程碑

你制订了计划，你提出了计划，你赢得了投资。很好，但就这样了吗？你现在可以把文件束之高阁了吗？当然不可以！

现在，你的计划书有了新的使命：其不再是为了获得投资，而是成为实施的工具。计划书可以用来评估整个企业的业绩，以及所有或单个管理人员的绩效。

如果你已经找到了投资人，不管是天使投资人、种子轮融资投资人、风险投资人，还是私募股权公司，他们都会坚决要求你设定目标并执行计划，这也是本章和下一章的主题。

他们知道，如果你按计划行事，他们就能获得他们所希望的回报。所以他们会很想知道你的公司在每一个阶段的进展情况。

他们会想要激励管理人员实施这个计划。否则……

为了便于监控进度，投资人会要求你制定关键绩效指标和恰当的里程碑。

选择关键绩效指标

投资人不希望在每月例会或董事会会议上被成堆的数据淹没，这些数据注定要被扔进会议室外面的碎纸机或回收箱。

你收集和提交的数据只需要清楚地显示公司的整体业绩。

进展应该根据推动业务价值的关键参数来衡量。

这些参数被称为关键绩效指标（Key Performance Indicator，KPI）。KPI 被认为是最好的导航工具，它显示船只是否朝着目标港口前进。如果没有这些工具，船长就会盲目地行驶，发现不了一路上的暗礁或冰山。

KPI 主要分为两种类型，一种与所有公司有关，另一种只与你的公司有关。

所有企业通用的 KPI 可能包括以下衡量标准[*]：

- 财务业绩——如收入、收入增长、毛利率、营业利润和利润率、净利润和利润率、已用资本回报率、现金转换周期（存货天数加应收账款

---

[*] 注意"衡量标准"一词的使用。KPI 必须是可衡量的。它必须是事实，而不是意见；它必须是客观的，而不是主观的。KPI 是一项数据。

天数减应付账款天数）。

- 客户满意度——如客户满意度指数、客户保留率、客户盈利能力得分、"净推广者得分"（推广者比例减去批评者比例）。
- 营销效果——如市场份额、机会转化率、每条线索的成本、每次转化的成本、搜索引擎排名、点击率、社交媒体足迹（很难以有意义的方式衡量）。
- 运营效率——如产能利用率、订单履行时间、项目成本差异、创新管道强度、返工率、工艺或机器停机时间、六西格玛水平（缺陷产品比率）等。
- 员工效能——如员工人均收入、员工满意度指数、员工敬业度、员工流失率、员工平均任期、雇用时间、薪酬比较率等。
- 环境和可持续性、合规性——例如碳足迹、水足迹、能源消耗、供应链里程、废物回收率、产品回收率等。

仅仅从上面简短的示例中，你就能看到太多的 KPI，你无法代表投资人定期监控。他们将会只见树木，不见森林。

而且这些还只是所有企业通用的 KPI，还没有加上你的企业特定的KPI！

上述通用 KPI 中可能没有一个是和你的业务最相关的。比如你在大街上开一家高级理发店，最重要的 KPI 是服务的人数和每服务一个人的平均收入，紧接着是租金、电费和人均营业成本。

同样，对我们的核心案例达特谷酒店来说，最重要的三个 KPI 在上面的列表中都没出现。它们是：

- 平均可用客房数；
- 实际平均房费（英镑 / 晚）；
- 平均客房入住率（%）。

我们还没有考虑温泉浴场。

仔细想想在你的企业中驱动价值的各项参数。其中一些可能在上面的列表中，但是很多，也许是大部分，不在。选出最重要的几项，它们才是你要监控的 KPI。

设置里程碑

里程碑是计划实施过程中 KPI 的目标值。它们代表着通往成功的关键道路上的进展点。

它们应该是务实的、可实现的。毕竟，它们指导了你的计划。

投资人会要求你和主要的管理人员对这些里程碑负责。它们可能是回顾一整年管理绩效的起点。

一种不可取的方法是：设置少量里程碑，这样就可以通过将资源从一个领域转移到另一个领域来实现一个关键里程碑，这样做会损害业务。相反，也不要设置太多，否则会难以监控。

再次回到达特谷的例子，迪克·琼斯的投资人希望他达到的里程碑包括：在第三年实现 71% 的入住率，每晚房价 74 英镑，一共 33 间客房。

这是他最重要的三个里程碑，迪克胸有成竹。

12

第12章 执行计划

"没有执行的战略无异于幻想。"

——迈克·罗奇（Mike Roach）

本章要点

- 监控你的计划
- 评估管理绩效
- 评估你的计划

你已经选择了关键绩效指标（KPI）并设定了里程碑。现在你需要执行计划。

你需要定期监控进度，不低于董事会会议的频率。

监控进度有助于对主要的管理人员进行半年一次的绩效评估。

在监控了几年的进度后，你可以用专门的时间对它进行细致的评估。在下一次撰写商业计划书时，肯定会有帮助。

监控你的计划

在第 1 章中，我反对将商业计划书用作中小企业的管理工具，因为这样的组织资源往往有限。但在大型组织中，这是可以接受的。这些组织愿意投入必要的资源来研究和分析市场、客户、竞争对手、资源、财务模型假设、风险和敏感性等，其每年要花费一个月左右的时间。

不过，如果你出于特定的目的（比如获得董事会、银行或投资人的投资）为中小企业撰写了一份计划书，那么你应该投入时间去监督它。既然你花费了数小时起草计划，那你至少应该看看事情在多大程度上会按照设想进行。

可以肯定的是，投资人也会要求你这么做。

在第 11 章中，你选择了 KPI 并设置了里程碑，以便监控计划。

一年左右之后，这种监控在某种程度上会被预算程序所取代。一旦新的预算到位，下一年的业绩评估将与预算挂钩，而不再参考旧的商业计划书，随着时间的推移，旧的商业计划书将被视为过期的文件。

到了第三年，这份商业计划书已经成为一件"古董"。监控其进度会成为一项多余的工作。为防止这种情况发生，我们需要根据市场发展和业务成果谨慎地更新里程碑。这可能需要你重新做一些市场和竞争调查。

评估管理绩效

显然，你的业绩与计划的符合程度，以及特定里程碑的完成情况，将是主要管理人员半年度绩效评估的主要考核因素。

关于管理人员评估的书有很多，我不打算在这里深入探讨。我只想说，CEO 和 / 或投资人在使用 KPI 来评估个人管理绩效时，应该考虑以下因素：

- 将一位管理人员的绩效与一个或多个具体的 KPI 挂钩，可能会导致他 / 她将过多时间用于实现这些里程碑，从而损害业务的其他方面。
- 企业的整体业绩才是最重要的，管理团队的合作程度越高、内部竞争越弱，企业整体表现良好的可能性就越大。
- KPI 数据可能被捏造，这不违法，但无益。

尽管如此，在管理人员评估中，KPI 仍然是一个重要的起点。

评估你的计划

如果你需要出于某个特定的目的起草一份商业计划，比如获得内部或外部投资，很有可能未来你还要再写一份。

可能是几年后，如果进展不顺利，企业可能需要重组，如果业务发展良好，则需要进一步的资金。你也可能通过收购或结盟进行扩张。

总之，5 年或 10 年后，你会需要重新写一份商业计划书。

无论出于什么目的，你都会再做一遍这件事。所以，最好弄清楚这一次你做对了什么、做错了什么。

你需要一个结构化的评估流程。最好在至少三年后进行，但如果在此期间你需要一份新的商业计划书，也可以提前。

评估者和计划书的撰写者不能是同一个人。不应涉及既得利益。评估的重点是对照计划中预测的 KPI 审查结果。

评估流程摘要如表 12.1 所示。

表 12.1　三年后对商业计划书的评估：示例

关 键 参 数	预 测	结 果	原 因	经 验 教 训
2015—2018 年市场增长率	3.0%/ 年	2.2%/ 年		
竞争对手数量	4 个	5 个		
平均单价增长	2.5%/ 年	1.9%/ 年		
客户退货率	36%	41%		
销量增长	3.7%/ 年	5.8%/ 年		
销售额增长	6.3%/ 年	7.8%/ 年		
2018 年营业利润率	16.4%	14.2%		
2015—2018 年资本支出	160 万英镑	180 万英镑		
等等				

评价流程中的重点如下：

■ KPI——你会比较房屋租金的实际成本与预测值，但不会比较回形针的成本。这里只选择那些对你的财务预测结果有重大影响的参数。

■ 原因——如果结果与预测截然不同，会是因为什么？这是外部力量的结果，还是你没有控制好？

■ 经验教训——下一次你会有何改进？怎样才能让你的预测更准确？哪些额外的研究或分析会对你有用？

重点当然是最后一列：我们能从中吸取什么经验教训？

监控商业计划是一个选择，而评估不是，它不是一个耗时的过程，只需要短短几天即可完成。当你下次被老板要求在周末之前写出一份商业计划书时，这些经验可能会很有启发性，并且非常有用。

重要提示

"要是我当时那样做……想到这个就……"评估很有用。迟学总比不学好。下次努力改进。

结语　当心这些角色！

值得一提的是，你希望投资人如何评价你呢？说你是一个企业家还是投机分子？是一个现实主义者还是理想主义者？你善于营销还是笨口拙舌？

你应该努力给投资人留下好印象。很多人都没有——我们在本书中遇到了一些这样的人。看完下面这些内容，提醒自己在撰写商业计划书时不要成为他们。

他们是空想家、独行侠、魔术师、铁血男子汉、妄想家和机关枪手。不要像他们一样！

空想家

他作出一系列销售预测，却不考虑市场需求和/或公司在市场中的定位。我们在第7章中遇到过这样的人。看到 RandomCo 的销售预测，我们觉得他太疯狂了。他说，即使市场需求在萎缩，他的业务仍将以每年14%的速度增长。他的公司还算稳定，他没有计划推出新产品、新服务或进入新市场。

他是一个空想家。他的预测与公司所处的市场环境或竞争地位无关。不会有投资人愿意帮助他。

独行侠

在她的商业计划书中，只有一个关于竞争的句子，都不到一段，更不用说一章了。在她眼里，竞争并不重要。她找到了一个市场，她的公司就能为它服务。不用考虑其他人，没有竞争者，没有新进入者。她的公司将是这个市场唯一的供应商。如果其他公司真的来了，客户会很不屑，因为新来者没有竞争力。只有她的公司有地位。

她是独行侠。只有她的公司才能服务特定的市场，其他人无关紧要，她也不会找到投资人。

魔术师

他很聪明，他能参照市场需求和公司的竞争地位，合理地预测销售情况。但在他的预测中，成本增长相比销售增长显得微不足道。他认为，他可以利用自己的采购技能来压低直接成本。在他心里，当前的问题是管理费用过高，他预测在销售增长的同时，管理费用将与现在持平，这还只是保守估计。至于资本支出，谁需要呢？老化的资本设备还可以用好几年。如果工厂空间狭窄，总是可以改善生产流程。因此，他预计营业利润率将逐年大幅增长。

他是一个魔术师。他不用部署资源和成本就能推动销售增长。即使他有充分的证据证明市场会发展，他也可能因为不切实际的成本和利润预测而遭到投资人的拒绝。他不会获得投资。

铁血男子汉

他非常善于扭转乾坤。尽管去年的利润有所下降，但今年的利润会反弹，并从此呈指数级增长。他相信虚构的"曲棍球棒效应"。去年，所有可能出错的事情都出错了，未来的岁月将会一帆风顺。

为什么？因为他接手了，他是新的总经理。他能解决所有问题：激励销售人员，提高生产人员的效率，使研发人员更加注重市场。公司将首次拥有世界一流的领导——他。

他是铁血男子汉。他的预测可能是对的，的确有"曲棍球棒效应"，但胜算不大。投资人对他的各种主张会非常谨慎。他们会认真核实他的履历，会盘问计划书中的每句话和每一个数字——如果他们能忍受在他身边坐那么久的话。

妄想家

她对市场机会进行了严格、透彻的研究和分析。她以令人信服的方式解释了为什么该领域的公司不会超过四家。她还详细说明了为什么即使其他公司复制和遵循她公司一贯的创新政策，她的公司也将至少保持和其他公司一样的竞争力。她保守地预测，到第 5 年，公司的市场份额不会超过 1/4。她的每一项开支预测都有充分的依据，似乎十分合理。然而，她的预测显示，从第 5 年开始，营业利润率将达到 40%。

她在妄想。销售量预测很可能正确，成本预测也是。但是定价呢？她能假设竞争对手不会为了更快地获得市场份额而降低价格吗？竞争对手或新进入者的竞争性定价和 / 或不断上升的营销成本会削减她超高的营业利润率。她可能会获得投资，但不是以计划书中的条件。

机关枪手

他很好。他白手起家，挺过了早期的起起落落，现在的小生意简单、稳定。但他并不喜欢"小生意"这个词。他想成长，快速成长。他目前的生意几乎没有扩张的余地，但他可以将其复制到其他地方，或者尝试推出一条新的产品线，针对一个不同的客户群体。他也可以用完全不同的产品做类似的事情。鉴于他以往的成绩，他很可能在上述任何一个战略方向上取得成功。问题在于，他的商业计划书涵盖了所有三个方面的投资。

第三年年底前的利润预测显示，各个新方向的贡献将使利润增长两倍。然而在现实当中，这样的情况不会发生。

他将业务扩展到多个方向，他必须成为《神奇四侠》中的神奇先生才能接住所有的球。他的计划不会获得投资，但他可以更改。如果能说服他只选择一个战略，有重点地扩张，他可能会得到投资。他得成为步枪手，而不是机关枪手。

撰写商业计划书时，不要做空想家、独行侠、魔术师、铁血男子汉、妄想家和机关枪手。只有做一个现实主义者，才能赢得投资人的尊重，赢得投资。

祝你好运！

附　　录

附录 A　竞争地位分析

"人不前进即是倒退。"

——爱德华·吉本（Edward Gibbon）

本附录要点

- 明确客户购买标准
- 评估关键成功因素
- 竞争地位评分

在本附录中，你要评估每个主要业务板块相较于竞争对手的优势和劣势，总结这些业务现在和未来几年的竞争地位。

本附录提供了一套分析竞争地位的系统方法，其不同于第 5 章中列出公司优势和劣势的快捷方法。

针对公司的每个主要业务部门，你需要完成三个步骤：

1. 明确和衡量客户购买标准：客户需要从他们的供应商，也就是你的公司和你的竞争对手那里得到什么。

2. 评估和衡量关键成功因素：你和你的竞争对手需要做什么来满足客户购买标准并获得成功。

3. 对你的竞争地位进行评分：与竞争对手相比，你在这些关键要素方面的表现如何。

和前面一样，我们从客户开始。

明确客户购买标准

你的主要业务领域的客户需要从你和竞争对手那里得到什么？他们是否在为给定的产品或服务寻找最低价格？又或者他们不在乎价格，只想获得最高质量的产品或服务？还是愿意折中？

客户在你的其他业务板块也有同样需求吗？特定客户群是否更重视特定需求？

他们究竟想要什么样的产品或服务？最高规格？最快交货？最可靠？最好的技术支持？还是最贴心的客户服务？

客户对供应商的首要需求被称为客户购买标准（CPC）。对于企业对企业（B2B）公司来说，CPC 通常包括产品质量（包括功能、性能和可靠性）、产品系列、交付能力、技术支持、客户服务、关系、声誉和财务稳定性。当然，还有价格。

企业对消费者（B2C）公司的 CPC 也是类似的，尽管通常不太强调产品系列和财务稳定性。根据所提供的产品或服务，客户会有不同的质量、服务和价格要求。

CPC 可以分为六大类，体现了客户在以下方面的需求：

- 产品或服务的效用；
- 服务效率；
- 产品系列或服务范围；
- 与生产商或服务提供商的关系；
- 场所（仅适用于客户需要访问生产商或服务提供商生产／经营场所的情况）；
- 产品或服务的价格。

这些需求很方便记忆，还带有一丝小众科幻电影的味道，我们把它们称为 E1、E2、R1、R2、P1、P2。

让我们逐个分析。

E1：效用

客户对任何产品或服务的第一需求都是按要求交付。你和客户都会对产品或服务的特性、性能和可靠性有特定的要求。你想要完成任务。

不是完成一半，不是做得过度，是刚好符合要求。比如，你想剪平头。你去找服务提供者（理发师）。他给你剪个平头。你付钱回家。刚好符合要求。

你可能会有其他要求，比如理发要花费的时间，与理发师的互动，他是否提供湿剃服务，理发店的整洁程度，或者价格是否合理。但最基本的要求是他能有效地给你剪个平头，完成这项工作。

假设你想要的不是平头，而是某个电影明星的炫酷发型。相比平头，你的要求更高了。你会希望你的理发师或发型设计师掌握相应的技术，知道这款发型的利弊并曾经做过几个这样的发型。你不想变成荷兰猪！

这时，你会更加重视工作的效用。

什么构成了产品或服务的效用？相对于其他购买标准，它对你的客户有多重要？它的重要性是高、是低还是中等？

E2：效率

客户购买产品或服务时的第二个标准是效率。客户要求按时完成工作。

所有客户都会在一定程度上重视服务效率。你可能不在乎你的平头发型花了 10 分钟、15 分钟，还是 30 分钟，但你会在乎它花了整个周六下午，导致你错过了一场重要的足球赛。

不同的客户群体对于同一种服务的效率可能会有不同的要求。

你的客户对你的服务效率有多重视？它相对于其他标准的重要性是高、是低，还是中等？

R1：范围

然后是产品或服务的范围。对于某些产品或服务，范围是很重要的要素。而对于另一些产品或服务，范围则根本不重要。

让我们回到理发店的例子。一般的发型师除了理发、烫发和染发外，不会提供其他服务。但这就够了吗？顾客会不会想要头部按摩、拉直、编发等服务？一个理发店所提供的服务范围对其目标客户群有多重要？

另一个极端是功能性理发店。大多数顾客如果只想剪个平头，他们会去找一家有效、高效的理发店，外加理发师要亲切友善。如果理发师也提供头部按摩，那就更好了！然而，对一些顾客来说，头部按摩可能是吸引他们进店的独特产品。

产品范围对你的客户有多重要？它的重要性是高、是低，还是中等？

R2：关系

你的理发师给你剪了个漂亮的平头，而且剪得很快。但你喜欢他吗？他把手放在你头上时你会感到不适吗？你想和理发师聊聊天还是保持安静？你想如何与他互动？如果他看起来无趣或冷漠，你在意吗？你是不是更喜欢热情洋溢的理发师？

在提供服务时，永远不要低估关系要素。一个成功的建筑商知道如何在扩建工程中尽可能让业主满意。他会尽量减少对业主日常生活的干扰——不会有手推车穿过客厅地毯，并始终展示出工作热情。他知道他的生意靠的是口碑。如果家族成员告诉邻居，他不仅是个优秀的建筑商，而且能应对棘手的情况，那么他获得下一笔生意的机会就大大提高了。

你的客户对人际关系的重视程度是高、是低，还是中等？

P1：地点

这个标准只适用于那些购买决策可能受到环境影响的业务，通常是服务。

还是用理发店的例子。如果你的目标客户是富商名流，那么你得把店开在伦敦的富人区，比如梅菲尔区，店面最好富丽堂皇。如果你的目标客户是中产阶级、郊区的家庭主妇，那么你应该把店开在当地的商业街，店面应该干净、有品位、有吸引力。地点应和客户的钱包相匹配。

你的生意需要店面吗？客户对你的地点有什么期望？这个标准相对于其他标准的重要性是高、是低，还是中等？

P2：价格

这是一个关键要素。价格定得过高，你就不会有太多客户。

想想你经常做的购买决定中价格的影响。对于非必需的服务，我们往往对价格更为敏感。当你八岁儿子的头发快遮住眼睛时，你就得找理发师了。这个年纪的小孩不是太注重外表，所以你会找最便宜的。但是多便宜呢？你会带他去一个非常便宜但梳子油腻、地板上满是头发、理发师十分讨厌的理发店吗？可能不会。你会设定最低服务标准，然后以一个合理的价格购买。

对于不可或缺的服务，我们往往不太关注价格。如果你的中央供暖系统在冬天坏了，你会找最便宜的维修工程师吗？还是会给朋友和熟人打电话，找一个可靠的人，他准时到达，干活麻利，要价不算便宜，但至少物有所值。

客户的定价需求是怎样的？相对于其他购买标准，价格的重要性是高、是低，还是中等？

找出 CPC

你可能会想，理论上听起来，似乎很有道理，但你怎么知道客户想要什么呢？简单。问他们！

不会花很长时间的。你会惊讶地发现，在与任何客户群进行过几次讨论之后，就会出现一个可预测的规律。有人可能认为某个需求"非常重

要"，而另一些人则认为"一般重要"。但不太可能有人会说它"不重要"。客户往往有相同的需求。

"结构化访谈"是了解客户需求的一个全面的方法。在这个过程中，你向经过挑选的客户提出一系列精心准备的问题。

在制定企业战略时，客户调查是必不可少的。如果你还没有做过客户调查，最好做一次，为你的商业计划做准备。附录 B 中介绍了详细的方法。

最后，你还必须了解客户需求在未来可能会如何变化。他们当前认为非常重要的购买标准几年后还会一样重要吗？你得找到答案。

评估关键成功因素

我们把"关键成功因素"（KSF）定义为"像你这样的生产商或服务提供者在市场上取得成功需要做的事情"。只有满足这些要素，你才能达到客户购买标准，让企业稳健经营。

典型的 KSF 是产品或服务的质量、一致性、供应情况、范围和研发（R&D）。在服务方面，KSF 可以包括分销能力、销售和市场效用、客户服务和售后技术支持。其他 KSF 涉及成本，如场地的位置、操作规模、先进的、符合成本效益的设备和操作流程效率。

要找到每个主要业务部门最重要的 KSF，你需要采取以下步骤：

- 将 CPC 转换为 KSF
  - 差异化相关
  - 成本相关
- 再评估两个 KSF
  - 管理
  - 市场份额
- 为 KSF 分配权重
- 识别不可缺少的 KSF

让我们简要地看看每一个步骤。

将 CPC 转换为 KSF

我们将上一节中探讨的客户购买标准转换为关键成功因素。换句话说，我们需要知道你的业务需要做些什么才能达到这些要求。

对于那些与区别于竞争对手的产品或服务相关的 CPC（即所谓的差异化相关 KSF），这个步骤十分简单。一个 KSF 常常看起来与一个 CPC 相似，甚至相同。例如，假设你是一名顾客，你希望理发店擅长染发。这是你的需求。因此造型师需要有染发方面的技能。这是一个 KSF。

但是 KSF 的视角往往有别于 CPC。举个例子，当你呼叫网络服务提供商的技术帮助中心时，你希望技术人员解决问题。作为客户，你需要有人能够理解并解决你的问题。对技术人员来说，相关的 KSF 包括技术资格、相关的培训经历，以及处理同样和类似问题的经验。

再举一个例子。当你跳上雅典、巴塞罗那或哥本哈根的城市旅游巴士时，你希望清楚地理解导游在说什么。客户需要的是清晰的沟通。相关的 KSF 包括：熟练的语言表达和高超的沟通技巧。

在转换 CPC 时，你会发现相关联的 KSF 可能和你已经关联的另一个 CPC 相同。换句话说，一个 KSF 有时能满足两个或多个 CPC。还是用导游的例子，另一个客户需要的可能是与导游的融洽关系。流利的语言交流有助于建立融洽的关系。在这个例子中，语言能力这个 KSF 服务于两个 CPC：清晰的沟通和融洽的关系。

在你的业务中，差异化相关的主要 KSF 是什么？它们的重要性是高、是低，还是中等，又或者是中高、中低？

有一个 CPC 需要特别关注，那就是价格。对于大多数服务，客户都希望价格低廉。生产商需要降低成本。价格是 CPC，成本竞争力是 KSF。

在像汽车修理这样竞争激烈的服务行业中，中等收入的客户往往对价格比较敏感，除此之外，他们还对质量和诚信有要求。因此，一家小型汽车修理厂的业主会将修理厂选址在远离繁华街道的地方，甚至远离小街小巷，比如在铁路沿线的一些商业用地上，以此来降低租金支出。

在你的业务中，成本竞争力的其他决定因素可能包括材料成本、使用分包商、业务流程外包、控制经常性支出等，不仅包括场地，还包括支持人员的数量、薪酬水平和IT系统。

规模也很重要。在其他条件相同的情况下，企业规模越大，售出的每件商品的成本应该越低。这就是"规模经济"，其不仅适用于材料的单位成本或其他可变成本（大型企业将受益于商定的批量折扣），也适用于日常开支。

想想看，两家美发店在一条商业街上互相竞争。其中一家的空间是另一家的两倍，平均每天接待80名顾客，而小沙龙只接待40名。它们的效率相似，价格也相似。但规模较大的美发店由于与房东谈妥了第二套店面租金的折扣，所以分摊到每个顾客的租金成本较低。规模较大的美发店为每位顾客支付的营销成本也较低，因为无论广告商为多少顾客服务，在黄页或当地杂志上的广告位的成本都是一样的。

在你的业务中，与成本相关的主要KSF有哪些？材料成本？使用分包商？地点？控制经常性支出？规模经济？它们的重要是高、是低，还是中等，又或者是中高、中低？

再评估两个KSF

到目前为止，我们已经从上一节中列出的一组CPC中得出了两组KSF：与差异相关和与成本相关。还有另外两组需要考虑：管理和市场份额。

管理在你的企业中有多重要？我们在讲资源的章节（第6章）中深入讨论了你公司的管理能力，在这里，你需要确定管理在你的行业中有多重要。思考一下，甲公司管理完善，拥有一流的销售和营销团队，以及高效的运营团队，但产品一般；乙公司管理不善但产品一流。在你的行业中，哪家公司的业绩会更好？

管理应该成为一个与差异相关的KSF，包括销售和营销，这是任何中小型企业的命脉。管理作为一个KSF在你的业务中有多重要？

还有最后一个KSF，一个重要的KSF，它不是直接从CPC转化而来的。它就是你们公司的市场份额。相对市场份额越大，供应商的实力就应该越强。

高市场份额可以带来多竞争优势，比如更低的单位成本，我们已经在成本相关KSF的规模经济部分讨论过这个问题，注意不要重复计算。

市场份额是客户关系的广度和深度以及商业声誉的指标。由于获得新客户比与现有客户多次交易更困难，因此拥有较大市场份额的供应商通常具有竞争优势——现有客户的力量。

例如，你的发型师满足你的所有需求：优秀的发型设计、轻松的氛围、融洽的关系和合理的价格。你听几个朋友说一个超级棒的设计师在街上开了一家店，你未必会因此换发型师。为什么要换？你的发型师会很不高兴，尤其是在没有理由的情况下。这就是现有供应商的力量。客户不喜欢转换，除非他们受到强烈的诱惑（拉动因素）或者由于产品或服务质量不佳（推动因素）被迫转换。客户倾向于选择熟悉的供应商。

如果你当前的服务提供商给你提供忠诚度折扣的话，更换供应商的成本会更高，包括时间成本。如果你要更换互联网服务提供商，你可能需要将你的新邮件地址通知给所有联系人，非常麻烦。另外还有感情成本。转换成本越高，忠诚于当前供应商的力量就越大。

作为一个 KSF，当前供应商的重要性往往会上升，因为客户依赖他们的服务提供商来保持历史连续性。换掉修鞋匠，甚至发型师，都比换掉你的心理医生或会计要容易得多。后两者已经积累了关于你的有用知识，无论是你的思维还是你的复式簿记。转换供应商可能意味着它们要花很长时间来建立对你个人和企业的了解。在你的企业中，忠诚于现有供应商的力量有多大？

作为一个 KSF，市场份额有多重要？

为 KSF 分配权重

你已经清楚了在你的业务中哪些要素是最重要的。你按重要性对它们进行了排序。现在你需要为它们分配权重。

简单的定量方法效果最好。不用担心，你不需要计算到小数点后第三位，比如 14.526%，这样的精确度很虚假。不过，给出权重的百分比很有帮助，不管是最接近的 5% 还是 10%，这样在下一节中，你就可以很容易地算出自己相对于同行的整体竞争力，并对其进行评分。

所以 14.526% 可以简单地四舍五入为 15%，这样的准确度就足够了。要怎么分配出权重呢？有两种方法：系统性的方法或观察。

如果你选择系统性的方法，请参阅下面的示例。如果你更喜欢观察，得到一个粗略的答案，那么以这组数字为起点：市场份额20%，成本要素30%，管理和差异化要素50%。然后根据你业务的实际情况进行调整，并确保不管怎么变动，它们加起来仍然是100%。

一种推导 KSF 权重的系统方法

这是一种分步推导 KSF 权重的系统方法：

- 通过判断当前供应商的相对力量，得出市场份额权重，通常在 15% ～ 25%，假设为 $i\%$。

- 再次考虑价格对客户的重要性。如果你判断为中等重要，那么给它分配 20% ～ 25% 的权重。如果不重要，则为 15% ～ 20%。如果很重要，那么为 35% 以上。如果你的公司是一家大宗商品企业，它可以是 40% ～ 45%，假设为 $c\%$。相对市场份额的权重会低一些。

- 思考管理要素对企业成功的重要性，尤其是营销的重要性。可定为 $m\%$，通常在 0 ～ 10% 之间。

- 你现在已经用掉了 $(i + c + m)\%$ 的权重。

- 差额，即 $100 - (i + c + m) = D\%$，将是差异化要素的总权重。

- 重新审查与差异化问题有关的 KSF 清单，不包括价格，价格已经讨论过了。根据各个要素的重要性，为它们分配 KSF 分数，1 分为低，5 分为高。如果介于两者之间，则按比例打分（例如，中高为 4 分）。

- 计算这些差异相关 KSF（不包括价格）的总得分（T）。

- 为每个差异相关 KSF 分配如下权重：权重（百分比）= KSF 得分 × D/T。

- 将每一个 KSF 四舍五入到最接近的 5%。

- 如有必要进一步调整，确保所有 KSF 权重之和为 100%。

- 仔细观察并作出最后的调整。

- 检查总数是否仍然是 100%。

分配好权重后，你需要评估不同业务部门的权重差异。特别是，不同客户群体对价格的重视程度会有不同，导致成本竞争力在不同部门的重要性有

所不同。其他业务部门的其他客户可能更关心产品质量或客户服务。你需要了解这些差别。

识别必不可少的 KSF

还有最后一个问题，一个至关重要的问题。

是否有任何一个 KSF 重要到如果你不重视它，你的业务甚至没有存在的必要？如果没有它，你就无法竞争，更不用说成功了；如果没有它，你不会赢得任何业务，或者无法交付成果。换句话说，这是一个必须有的 KSF，而不是一个应该有的 KSF。

例如，在你的市场中，企业是否必须有正确的 ISO 分类才能在竞争日益激烈的环境中赢得订单？企业是否必须部署昂贵的新型资本设备？你的产品是否必须具备某个特殊的新功能？

在你的业务中，有哪些 KSF 是必不可少的？接下来评估你的竞争地位时，请记住这些 KSF。

评估业绩，以判断你的竞争地位

现在，你可以根据前面确定的各个 KSF 对你的业绩进行评分。然后计算加权平均分，看看你的整体竞争力与竞争对手相比如何。

每个主要业务部门都要做这项工作，因为不同部门的竞争地位可能大相径庭。然后思考在接下来的几年里各个部门的竞争地位可能会发生怎样的变化，以及你能做些什么来改善它。

最后，核实现状。在我们上面强调的必不可少的 KSF 中，是否有哪一个评分较低？如果有，说明你还没过第一关，也许你根本不应该从事这个行业。

要和谁比较？

首先要判断你要和谁比较。有时这个问题很好回答，但更多的情况是你需要思考才能得出答案。

举一个简单的例子。对于郊区大街上三家美发沙龙的老板来说，答案显而易见。他们拿自己和另外两家作比较。但他们的一些潜在顾客可能会在午餐休息时间或下班后去城里做头发。其他人可能会在每周去外地超市购买食品杂货时顺便做头发。这些美发店也是竞争对手。

不要嫌麻烦。如果你认为另一家供应商正在为你的潜在客户提供服务，也给他们评分。这并不难，只要几分钟就能完成所有对手的评分。

推导竞争地位

与对手相比，你的表现怎么样？你是否比他们更有竞争力？你的竞争地位如何？他们的地位又如何？

要确定你的竞争地位，你需要根据上一节中列出的每个 KSF 对自己进行评分。使用数字评分系统，加上上面列出的百分比权重系统，你的竞争地位将会清晰显现。我建议采用 0 ~ 5 分的评分系统。

如果你在某个 KSF 上的表现和对手差不多，给自己打个中间分，3 分（好 / 有利）。如果你表现强劲，则打 5 分（非常强）。如果很差，则打 1 分（弱）。如果你的表现不如大多数对手，打 2 分（可维持）。比大多数强，打 4 分（强）。

现在，针对同一个 KSF，为你的每一个竞争对手打分。谁的表现最好？他们应该得 5 分，还是 4 分（好，但不是极其好）？

对每一个 KSF 均如此处理。

如果你使用 Excel，你的竞争地位会显示在电子表格的底部（见第 5 章中达特谷酒店的例子）。在我职业生涯的前 25 年里，我必须手动完成这项工作，要么心算，要么在想偷懒时使用计算器。对于今天的年轻人来说，这一定很难想象。

Excel 让事情变得简单多了。但是要小心。旧的手动方法促使你非常仔细地考虑每一个评分，因为你不想返工，实在麻烦。如果使用 Excel，你不需要计算，即使打分比较马虎，你也不需要返工。这是一个陷阱，在当今的财务规划中很常见。还是要仔细思考。

用代数表示，你的总分是每个 SKF 的各项评分 (r) 乘以 KSF 的百分比权重 (w) 的总和。如果有 n 个 KSF，你的总分将是 $(r_1 \cdot w_1) + (r_2 \cdot w_2) + (r_3 \cdot w_3) + \cdots + (r_n \cdot w_n)$。只要百分比权重加起来是 100%，你的答案应该就是正确的。

对未来市场份额的影响

竞争地位的主要用途是让你和投资人了解你的企业在未来几年的市场表现。

如果你的公司的竞争地位在 3 分左右，也就是好的 / 有利的，那么投资人会期望你，在其他条件相同的情况下，能够在未来几年内使你的业务与市场同步增长。换句话说，就是保持市场份额。

如果你的竞争地位在 4 分或 4 分以上，他们会期望你（在其他条件相同的情况下）领跑市场，赢得更多的份额。假设他们认为你在第 3 章中对市场需求每年增长 10% 的预测是合理的。在竞争地位为 4 分的情况下，如果你的计划是以每年 12% ～ 15% 的速度增长，他们会很满意。

然而，如果你的竞争地位在 2 分左右，投资人就会对你的商业前景缺乏信心。如果你预测你的增长会超过市场，他们会特别担心其会不会实现，他们在决定给你投资时会犹豫。

得出业绩评分

第一步要自己动手。如果你刚刚开始创业，几年甚至几个月后，你会偶尔得到客户的反馈。"好样的！"一般表示你做得不错。"我不会为此付钱的！"的意思正好相反。

给自己的业务打分。当你有些不确定自己的表现时，在评分上打一个问号。一次研究一两个分数。下次遇到客户时，顺便问他们："在我们几个月前的合作中，您对周转时间满意吗？还是您希望更快？"慢慢地，你就能去掉这些问号，提高你的评分了。

在评价自己公司的表现时，你也应该与竞争对手进行比较。所有的表现都是相对的，如果你在某个 KSF 上给自己的表现打 3 分，那就意味着有 4 分和 2 分的竞争对手。在评价自己的同时，也评价你的竞争对手。同样，在你不确定的数字上打个问号。然后向你的客户抛出一些"奇怪"的问题，比如："您觉得 B 公司怎么样？它的周转速度和我们一样快吗？"随着时间的推移，对手评分上的问号也会逐渐消失。如果你要用系统性的方法得出评分，那么你就要进行结构化访谈。管理顾问可以代表他们的客户完成这项工作，以获取制定商业战略、营销或完成尽职调查任务所需的重要信息。

结构化访谈与观察法有两个差别。前者需要你选择一个有代表性的受访者样本，然后准备调查问卷。

结构化访谈的优点是，它能及时提供你需要了解的所有信息。但它有两个缺点。首先，它会占用客户的时间。你可能会让客户觉得你浪费了他们宝贵的一刻钟或半小时。其次，你可能不想让客户知道你正在作战略审议，你不想让他们觉得你在做更大、更好的事情，而把他们抛在身后。你更不希望客户把你的服务与其他供应商做过多的比较，然后突然意识到他们应该换一家供应商！

不过，这些风险都是可以控制的，只要你提前准备好你的故事，让客户和你一样从访谈中受益。

有关如何与客户进行敏感的结构化访谈的详细说明，请参阅附录 B。

各个市场细分的竞争

到目前为止的讨论都只针对一个市场。然而你的公司肯定不止一个市场细分，你在每个主要产品 / 市场细分中的竞争地位如何？

你需要对每个市场应用相同的流程：识别客户购买标准如何因市场细分而异，评估每个市场关键成功因素，推导各市场细分的竞争地位。你会发现，有些评分是相同的，有些则不同。以产品质量为例。在与某个产品系列相关的每个市场细分中，你对该 KSF 的评分是一样的。但是 KSF 的权重可能因客户群体而异，从而影响你在每个市场的整体竞争地位。

同一 KSF 的评分可能因市场细分而异。例如，你的公司可能在某个领域有着令人羡慕的业绩，而在另一个领域则才刚刚起步。结果是，你在第一个领域获得了 5 分，在第二个领域只得到 1 分或 2 分。

竞争格局的变化

到目前为止，你对竞争地位的分析一直是静态的。你评估了自己和对手当前的竞争力，但这只是故事的第一部分。投资人还想知道你的竞争地位在未来几年会发生怎样的变化。他们想要了解动态：你的竞争地位会提升还是下降？

最简单的方法是在你的图表上增加一列，显示三年内的走势。然后你可以针对各个 KSF 制定改进措施。这些预期的改进必须是正在筹备中的，这样才有可能说服投资人。第 5 章介绍了如何主动、系统地提高自己的竞争地位；如何制定策略来缩小与理想供应商之间的差距。但现在，我们只需要看看你的竞争地位在未来几年里会如何自然地改变。

但是请记住，提高竞争地位是一把双刃剑。你的竞争对手也会有计划。这就是 KSF 动态分析具有挑战性和吸引力的地方。你知道自己的计划，但是你知道竞争对手的计划吗？

再加几栏，说明你最可怕的两个竞争对手三年内的表现。你知道在不久的将来它们打算做些什么来提高竞争力吗？它们最有可能做什么？它们能做什么？你担心它们会做什么？

随着时间的推移，你的竞争地位会发生怎样的变化？你的竞争对手呢？

过第一关

在本附录前面的内容中，我们提到了必不可少的 KSF 的概念：没有一个好的评分，你的业务甚至无法开始竞争。

你是否在你的业务部门中发现了任何必须有的 KSF？如果有，你会给它多少分？强（有利的）、一般（可维持）、还有有问题（弱）？又或者只能得 0 分？如果是这样的话，你连第一关都过不了。

几年后呢？有任何 KSF 会变成"必不可少"吗？到时候你会给它几分？你能过第一关吗？

如果你今天对某个必不可少的 KSF 的评分是"可维持"，它会随着时间的推移而下滑吗？它会滑到 2 以下，成为一个棘手的问题吗？

这是一剂"苦口良药"，你得知道这些问题的答案。你越早意识到你进入了一个错误的市场，你就能越早退出并把资源用在正确的地方。

附录 B 对客户进行结构化访谈

"你最不满意的客户就是你最大的学习来源。"

——比尔·盖茨（Bill Gates）

本附录要点

- 受访者
- 话术
- 调查问卷
- 访谈
- 感谢和反馈

第5 章和附录 A（更详细）介绍了一个对客户进行结构化访谈的方案，该方案非常有条理，可用其准确了解公司的竞争地位。

下面是具体操作：

1. 选择具有代表性的客户访谈对象。

2. 准备好你的话术。

3. 准备一份简明的调查问卷。

4. 以电子邮件、电话或面对面的方式进行访谈。

5. 感谢他们，并给他们一些反馈。

受访者

受访者应覆盖各个业务部门。你应该从你的每个主要产品／市场细分中选择三个到六个客户，或者包括以下客户：

■ 购买金额排名前六的客户。

■ 长期客户及新客户。

■ 同时使用或曾经使用过竞争对手产品或服务的客户，他们可以根据直接体验而不是猜测来对比你和对手的表现。

■ 与你有过矛盾的客户。

■ 潜在客户——目前使用竞争对手的产品或服务，但在你的目标名单上。

■ 从前是你的客户，现在使用竞争对手的产品和服务。

听起来很多，但你会有选择，最终有 20 ～ 30 个。

话术

你可以利用这个机会给你的业务带来积极影响。比较下面两种话术：

1. "很抱歉浪费您的时间，我想了解我们公司的业绩，您能帮我吗？"

2. "您知道，我们公司这几年一直很忙。但我们认为，我们应该花点时间问问我们最重要的客户，他们的需求有怎样的变化，以及我们能在多大程度上满足这些需求。"

猜猜哪种话术会得到更好的回应，哪种话术对你的业务更有利？第一种话术会给客户留下一种消极、失败主义的印象，对话的重心是你的公司及其可能存在的缺陷。第二种则会给对方留下积极的印象，重点是客户的需求。所以，我们毫不犹豫地选择第二个。

调查问卷

问卷要谨慎。它必须是一个指导方针，而不是机械的打钩练习。你要把它放在手边，而不是交给或通过电子邮件发给受访者。它只是讨论的提示器，仅此而已。它要简洁明了。

它应该包括四部分：

1. 话术。

2. 客户需求——现在和将来的需求是什么？有多重要？

3. 业绩——你的公司和竞争对手在满足这些需求方面的表现。

4. 未来——如何更好地满足客户的需求？

话术

话术应该写在问卷顶部并记在心里。它必须自然，听上去是自发的。偶尔停顿一下，不时地"嗯"或"呃"会让它听起来没有排练过的痕迹。

客户需求

以下是问卷中的主要问题：

■ 您购买这项服务的主要需求和标准是什么？您希望从服务提供商那里得到什么？

■ 这些需求有多重要？哪个更重要？您如何给它们排序？

■ 随着时间的推移，这些需求会变得越来越重要，还是越来越不重要？

■ 未来还会有哪些需求变得重要？

你要让客户整理出他们自己的一整套需求，最好准备一份需求清单作为提示，以防客户说不出需求，或者忘记某个明显的需求。

业绩

以下是一些与业绩相关的问题：

- 您认为我们公司在满足这些需求方面的表现如何？
- 其他服务提供商表现如何？他们是否能更好地满足这些需求？
- 对于最重要的那些需求，（我们公司和竞争对手）谁表现最好？

同样，你应该让客户选择可以替代你服务的备选供应商，同时准备一份主要竞争对手清单作为提示——你可以使用，也可以不使用。没有必要告诉客户一个他们并不了解的竞争对手。

未来

我们应该做些什么才能更好地满足您和其他客户的需求？

访谈

访谈最好面对面进行，这样你就能捕捉到回答背后的细微信号：转移视线、烦躁不安、强调的手势。但面对面访谈是最耗费时间的，除非你将其视为服务的一部分。

如果访谈是通过电话进行的，最好提前安排时间。你可以给客户写封邮件或事先打个电话。在你说完要说的话后，再加一句："您能否抽出5～10分钟和我讨论一下这个问题。我知道您很忙，我们可以在这周晚些时候约个时间，我给您打电话。"

电话本身必须谨慎。不要在没有寒暄的情况下就开始提问。你可以问问客户的近况、工作、家人等。然后慢慢转向正题："就像我前几天说的那样……"

完成结构化访谈之后，不要忘了给谈话一个圆满的结尾。回到你们开始时讨论的话题，自然地结束讨论，记得真诚地感谢对方付出宝贵的时间。

感谢和反馈

几个小时、一天、几天或一周后，在你觉得合适的时间，再次正式地感谢客户。写信是最好的，但在这个电子世界里，写信可能会让人感觉过于正式。电子邮件也可以，你自己判断何种方式合适。

邮件应该愉快地表达真诚的感谢。尽可能包含客户感兴趣或对客户有用的信息。一两句话就足够了。你可以提及你们讨论过的某个方面内容，或者比较其他客户对同一件事的看法。你可以向对方透露问卷结果："有意思的是，大多数客户认为业绩记录是他们最重要的需求"，或者"令人欣慰的是，大多数客户认为我们是最具创新性的服务提供商！"

结构化访谈结束后，你需要整理结果，无论是在纸上、Excel 工作表上，还是在你的脑海中，然后以这些结果为依据，对各个关键成功因素进行评分——既要评价你的公司，也要评价你的每一个主要竞争对手。

接下来，比较客户的评价与你自己的评价。结果可能会让你大吃一惊！

附录 C　其他资金来源

本附录要点

- 常规资金来源
- 其他来源

数字革命几乎改变了一切：我们的购物方式、支付方式、交流方式、学习方式、度假方式、寻找伴侣的方式……

我们获得资金的方式也在改变。众筹和个人对个人贷款（P2P）正成为重要的替代方案。

首先让我们客观地看待它们。

常规资金来源

到目前为止，本书的叙述方式都很简单：你有一个商业计划，你需要资金；资金的形式可以是债务，即他人借给你现金，你需要在一段时间内连本带利地偿还；也可以是股权，即你用股票换取现金，投资人和你共担风险、共享回报。

因此，投资人主要对企业中的贷款人或投资者感兴趣。这是贯穿本书的一个重要主题。

你需要确保你的计划书能满足其中一方的需求，这取决于你要向谁推销你的计划。或者你也可以制订一个没有明确对象的计划，在陈述过程体现细微差别。

但是，根据债务类型或股权类型，这些细微的差别可能还需要更加微妙。

以下是债务融资的主要常规来源和一些细微差别。

- 银行贷款、透支贷款、信用卡贷款（虽然利率很高）、抵押贷款——你必须提供一些抵押品，以及一份稳健的、保护贷款人的商业计划书。
- 英国商业银行支持的企业融资担保，为担保能力不足的企业提供无担保贷款，以满足商业贷款人的需求。同样，你需要保护贷款人。
- 资产支持贷款，如租赁（车辆或资本设备）、保理 / 发票贴现（标准债务人付款时间前的现金）、贸易融资（支付债权人前的现金）、养老金融资（实际上是用你的养老基金作为担保）。你的计划书需要突出相关资产的质量。

对于股权融资，你要根据企业所处的发展阶段咨询专业人士的建议。

种子投资人，针对处于概念验证阶段的商业概念。

风险投资人，针对概念似乎可行但需要资金才能开展的业务。

发展投资人，针对刚刚起步并需要额外资金以进一步增长的企业。

商业天使，他们是高净值个人，就像 BBC 商业投资真人秀节目《龙穴》中的龙，他们可能对上述任何阶段的业务感兴趣，特别是在提供税收优惠的《企业投资计划法案》（EIS）的鼓励下。

或者，你可以与一家互补企业合作发展你的业务，该企业可能会以股票或你的业务资源或能力为交换条件以提供资金。这种联盟可以是松散的许可或分销协议，也可以是紧密的正式合资企业。

联盟的另一方可以是一个大客户，你可以给对方优惠条款，甚至独家经营权，以换取资金。

不过，在你出售任何股票或签署任何债务之前，不要忘记寻求免费资助和建议，详见 Business Link 的文档：

https: //www.gov.uk/government/uploads/system/uploads/attachment_data/file/32258/11-776-solutions-for-business-government-fundedbusiness- support.pdf

最后，请记住，如果你的公司是一家初创企业，那么你的第一笔资金来源很可能是朋友和家人，或者是阁楼上能在 eBay 上卖的东西。

其他来源

数字革命使两种创新的融资方式成为可能：

- 债务融资——个人对个人贷款。
- 股权融资——众筹。

这些都是快速发展且令人兴奋的金融领域。Zopa 和 Funding Circle 是 P2P 领域的先驱，Crowdcube 和 Seedr 则是领先的众筹平台。

如果你想从这些来源获得资金，你需要关注行业媒体，了解谁在做什么、如何做以及为什么做。

最好的选择是访问 www.ft.com 在线阅读《金融时报》。以下是本文撰写期间（2015年6月）《金融时报》关于这一主题的部分报道。

先说说近年来很活跃的商业天使圈。

宽松的货币政策帮助北部天使飞向初创企业

作者：安德鲁·邦兹（Andrew Bounds），企业编辑

过去六年，英格兰银行的量化宽松计划被认为是当今许多不同寻常的经济状况的"功臣"，或者叫元凶：它使利率探底、债券收益为负，股价创下纪录。一个更加不可预见的后果是，英格兰北部企业家数量的增加。

随着央行的资产采购推高债券和股票的价格，投资者在寻求更高回报的同时，也在寻找其他投资选择。

再加上慷慨的税收减免来支持高风险的投资，比如《企业投资计划法案》，似乎更多的英国人会成为天使投资人，把他们的钱投到有望获得高回报的创业公司中去。

……个人天使投资人的投资比以往任何时候都多。根据英国商业天使协会（UK Business Angels Association）的数据，目前平均数量为5家，而2009年为2.5家。

……随着越来越多的富裕人士转向公司融资，它已经成为比传统风险投资基金更大的创业公司资金来源。私募股权在2014年提供了约4.5亿英镑的风险资本。其中至少有12亿英镑来自天使投资人，尽管许多交易没有记录。

"天使投资市场比风险投资市场大得多。"英国商业天使协会首席执行官珍妮·图思（Jenny Tooth）说。

她指出，英国有1.8万名活跃的天使投资人，但仍然存在明显的南北分化，10名天使投资人中超过6名居住在伦敦和东南部。

由于银行对小企业的贷款仍在下降，政府希望通过一系列激励措施来鼓励天使投资人，并设立了一个1亿英镑的基金与他们一起投资。图思女士说，未来的政府必须继续减税。

2013—2014年，EIS的投资达到创纪录的14亿英镑。该计划每年为前100万英镑的投资提供30%的所得税减免，并在三年后免除出售股票的资本

利得税，且允许出售股票的亏损抵扣收入或资本利得。

更为慷慨的企业投资计划提供 50% 的税收减免，每年至多 10 万英镑，但只适用于投资员工数量少于 25 人的公司。

"一些事情的发展可能会与预期不符，"图思女士说，"税收减免非常重要，10 宗交易中有 9 宗会有税收减免。约 90% 的人表示，税收减免鼓励了他们冒险投资小企业。税收减免是一个安全网。天使投资人们并不是在寻求避税。"

……Freeserve 的创始人阿加兹·艾哈迈德（Ajaz Ahmed）表示，像他这样的天使投资人对于刺激企业增长至关重要。"风险投资家不想冒任何风险。他们只想安全地下注。"

资料来源：邦兹，A.低利率和量化宽松推动北部天使投资创业公司（*Low rates and QE push angels of the north to invest into startups*）.金融时报，2015 年 5 月 7 日.

©The Financial Times Limited 2015. 版权所有

这段剪报让我们领略了众筹的热度。

寻找种子资本

作者：杰里米·哈兹勒赫斯特（Jeremy Hazlehurst）

在伦敦国王十字街一幢时尚建筑里，200 多位看上去十分专业的中年人士和蓄着时髦胡须、戴着耳饰的年轻人正在听几位企业家作 60 秒介绍。

这些初创企业包括一家在线男装零售商、一家由 Spitting Image 前木偶师创建的网站、一家由前玛莎百货员工经营的高端奶昔店，以及一家直播演出公司。介绍结束后，这些人一边吃点心喝啤酒，一边讨论可能的交易。

这是 Crowdcube 举办的投资路演。Crowdcube 于四年前创立，是英国最大的众筹网站，也是历史最悠久的众筹网站。与 Seedrs 和 Crowdfunder 等其他平台一样，它正在彻底改变对早期企业的投资。

如果你认为众筹是小公司的事，那你就大错特错了。自 2011 年以来，Crowdcube 已为 229 家企业融资 7 800 万英镑，Seedrs 在 2015 年第一季度融资 1 000 万英镑。肯特郡的 Chapel Down Winery 酒厂筹集了 390 万英镑。3 月份，点对点停车场业务 JustPark 筹集了 370 万英镑（见下文）。零售商 Poundland 创始人史蒂夫·史密斯、名厨师休·费恩利 - 惠廷斯托尔和易捷航空创始人斯特里奥斯·哈吉 - 伊奥努爵士等知名企业家为他们的最新项目进行了众筹。

众筹的支持者喜欢谈论"投资民主化"。大一点的网站最低入股额仅为 10 英镑，但 6 位数的入股额越来越普遍。有两个人分别向 Chapel Down 投资了 50 万英镑。

在国王十字街活动中，一位不愿透露姓名的基金经理在过去两年中通过众筹网站向 10 家企业投资了 25 万英镑。"这是一个非常有趣的领域，"她说，"它为小众市场带来了前所未有的机会。能够投资一些在地下室创立的企业很有意义。这不但有趣，而且有利。"

她投资了一些她以前不会考虑的行业，比如生物技术，还有 Zero Carbon Food，这家公司在伦敦南部克拉珀姆公地下面的隧道里种植粮食……

资料来源：海泽赫斯特，J. 种子资本研究（*The search for seed capital*）. 金融时报，2015 年 5 月 8 日.

©The Financial Times Limited 2015. 版权所有

但正如下面的文章所指出的，众筹不是万灵丹。

新的资金来源让选择变得困难

作者：艾玛·邓克利（Emma Dunkley）

数字化革命正如火如荼地进行，企业家们正在运用技术，颠覆从金融到食品采购等各个领域。

过去十年，以数字为核心的公司（如打车应用 Uber 和 P2P 贷款机构 Zopa）应运而生，其他许多公司也在颠覆传统行业。

与金融危机刚结束时相比，目前许多初创企业享受到的一个福利是，融资变得容易了。

……众筹是过去十年兴起的一种外部融资方式，许多个人的小额资金通过该方式集中了起来，作为回报，这些人会获得初创企业的股份或奖励，比如公司销售的产品。

在线财富管理公司 Nutmeg 创始人尼克·亨格福德（Nick Hungerford）表示，众筹具有显著优势。"你可以在筹集资金的同时创建一个品牌，不受风险投资家的各种限制，你的股东就是你的投资人。"

"但与每年投资数十亿美元的风险投资相比，作为商业融资的一个来源的众筹，显得微不足道。"

事实上，尽管众筹被大肆炒作，但专家们并不认为它能取代风险投资，成为初创企业融资的主要来源。

Elixirr 创始人斯蒂芬·牛顿（Stephen Newton）表示："众筹尚未成熟，但它永远不会取代风险投资。培养大量被动投资者有助于推广你的产品，但它不会取代一个亲自参与的投资人，后者会指导你，并带你进入他们的网络。"

Augmentum Capital 创始人蒂姆·莱文（Tim Levene）也认为，众筹"绝对不会"取代风险投资。

对于处于起步阶段的企业来说，众筹正成为一种越来越可行的选择，但它远未成熟，还存在很多问题。一些平台正在采取更严格的筛选程序，我敢肯定一些在领先平台上进行众筹的公司最后会半途而废。"

因此，虽然现在筹集资金比较容易，但业内人士提醒，企业家不应低估其中的挑战和选择正确资金来源的重要性。

亨格福德说："如果条款合适，每家公司都应该感谢现金。我个人希望看到更多的英国公司获得数十亿美元的投资。我们拥有理念、人才和干劲，势必超越硅谷，成为全球最热门的科技基地。"

资料来源：邓克利，E. 新的资金来源让选择变得困难（*New sources of funding bring difficult choices*）. 金融时报，2015 年 1 月 3 日.

© The Financial Times Limited 2015. 版权所有

与此同时，P2P 借贷这个已经存在了很长时间的行业也在快速发展，并且针对储户的新税收优惠将进一步推动其发展——就像下文所强调的那样。（不过最后一句话可能是一个警告！）

点对点投资人将享受储蓄税减免

作者：朱迪思·埃文斯（Judith Evans）

一项新的个人储蓄免征额政策将用于P2P贷款和现金储蓄收入，这是对这个以具有竞争力的利率吸引投资者和借款人的行业的最新提振行动。

从2015年4月起，得益于预算案中宣布的新储蓄收入免税政策，储户每年将有资格获得200英镑的额外收入。

英国财政部周四证实，这项税收减免政策不适用于股票或基金投资所得，只适用于P2P贷款。

2014年，通过快速增长的P2P平台发放的贷款约为17亿英镑。P2P平台允许个人在网上向他人或企业发放贷款。

"这对行业和消费者来说都是好消息，"P2P金融协会主席克里斯汀·法尼斯（Christine Farnish）说。小企业贷款平台Funding Circle表示："大量投资者将获得巨大收益。"

根据新的减税政策，储蓄收入按20%纳税的基本税率纳税人将有权获得1 000英镑的免征额，税率40%的较高税率纳税人将获得500英镑的免征额。年收入超过15万英镑的额外税率纳税人不包括在内。

将税收优惠范围扩大到P2P领域是一系列措施中最新的一项，这些措施旨在促进该行业的发展，并鼓励其迅速扩张。其他措施还包括承诺将P2P贷款纳入个人储蓄账户（Isas）。

这个行业刚刚庆祝了它的10岁生日，最资深的平台Zopa成立于2005年，在过去两年加速成长，新平台也层出不穷。

贷款机构被高于现金利率（目前处于历史低点）的诱惑所吸引。在低利率环境下，P2P贷款的收益可能超过其他形式的投资。

目前，Zopa、RateSetter和Funding Circle等平台向投资者提供的5年期贷款年化利率在5%至7%之间，风险较高的商业贷款收益普遍较高。

不过，英国监管机构金融行为监管局（Financial Conduct Authority）强调，P2P投资是基于风险的，不等同于现金储蓄，它们不在金融服务补偿计划的范围内。大部分行业还未度过严重低迷期……

　　资料来源：埃文斯，J.P2P 投资人获得储蓄税减免（*Peer-to-peer investors to get savings tax break*）.金融时报，2015 年 3 月 19 日.

　　©The Financial Times Limited 2015. 版权所有

　　但是，替代性资金来源要想在整个企业融资市场上大展拳脚，还有一段路要走。

国有银行称银行需要进一步的帮助

作者：安德鲁·邦兹（Andrew Bounds）

　　英国商业银行的负责人称，商业银行需要更多的政府帮助来向小企业贷款。

　　这家国有银行的首席执行官基思·摩根（Keith Morgan）表示，P2P 贷款和股权众筹等融资渠道尚未填补银行因 2008 年金融危机退出市场留下的缺口。

　　"银行贷款对小企业仍然非常重要。我们看到，虽然其他贷款机构出现了令人鼓舞的增长迹象，但它们的规模仍然很小。

　　2014 年，传统贷款占中小企业融资总额的 3/4，但净金额下降了 30 亿英镑，到年底还有 1 670 亿英镑未偿还。

　　这家银行表示，截至今年 10 月，P2P 贷款增长了 4 亿英镑，达到 7.7 亿英镑。股权众筹可以忽略不计。摩根表示，由于之前遭到拒绝或贷款成本问题，许多小企业不愿向银行申请贷款。

　　来源：邦兹，A. 国有银行称银行需要进一步帮助（*Stata lender says banks need further help*）.金融时报，2015 年 2 月 9 日.

　　©The Financial Times Limited 2015. 版权所有

　　受数字化启发的替代资金来源是一个有吸引力和活力的空间。你当然可以求助它们，但我建议你紧跟市场动态。

附录 D　商业计划书示例

达特谷酒店和东方温泉浴场商业计划书

2015 年 4 月

此示例中的方框将教你如何制订计划，以及计划中应该包括哪些内容。

简介

➢ 达特谷酒店和东方温泉浴场（以下简称"达特谷"）是一个与众不同的度假胜地。它坐落在南德文郡，俯瞰壮美的达特河谷。在这里，游客们可以领略充满东方风情的客房、美食和水疗服务。

➢ 酒店有 17 间客房，多数带河谷景观。水疗设施和餐厅均对过夜和日间游客开放，餐厅提供西式和东方精选菜单。酒店 2014 年的营业额为 51.3 万英镑，营业利润率为 18%。

➢ 二期扩建即将启动，酒店将投资 105 万英镑扩建 16 间客房和一个室外温水游泳池。

➢ 预计到 2019 年，销售额将翻一番，营业利润率上升至 34%。届时，达特谷将成为南德文郡领先的水疗服务提供商。

➢ 此商业计划书旨在寻求与业主有同样愿景的财务合作伙伴。

1

目录

2

执行摘要 ①

1. 二期扩建后，达特谷将成为南德文郡领先的水疗服务提供商，销售额将翻一番，营业利润率将上升。机会足以抵消各项风险。

2. 业务：达特谷的业务量自 2011 年开业以来增长迅速，超过预期。

3. 市场需求：根据有关南德文郡旅游市场需求的预测，过夜游客数量将持平，但平均消费上将以 2% ～ 3%/ 年的速度增长。

4. 行业竞争情况：竞争强度为中到高，主要风险为新进入者效仿或水疗热潮消退。

5. 战略：当前，达特谷在当地水疗服务领域有一个强劲对手——皇宫酒店。二期项目建成后，达特谷将成为区域龙头。

6. 资源：达特谷的战略对资源的影响符合以往的经验，并在控制之中。

7. 账务状况：到 2019 年，销售额将翻一番，超过 100 万英镑，营业利润率将提高至 34%。

8. 风险：热潮消退、竞争对手效仿和增长速度较慢的风险被成熟的概念、温泉盈利能力和在其他地点复制等机会所抵消。

3

执行摘要 用此摘要页区隔每个要点

1. 二期扩建后，达特谷将成为南德文郡领先的水疗服务提供商，销售额将翻一番，营业利润率将上升。机会足以抵消各项风险。

2. 业务：达特谷的业务量自 2011 年开业以来增长迅速，超过预期。

3. 市场需求：根据有关南德文郡旅游市场需求的预测，过夜游客数量将持平，但平均消费上将以 2% ～ 3%/ 年的速度增长。

4. 行业竞争情况：竞争强度为中到高，主要风险为新进入者效仿或水疗热潮消退。

5. 战略：当前，达特谷在当地水疗服务领域有一个强劲对手——皇宫酒店。二期项目建成后，达特谷将成为区域龙头。

6. 资源：达特谷的战略对资源的影响符合以往的经验，并在控制之中。

7. 账务状况：到 2019 年，销售额将翻一番，超过 100 万英镑，营业利润率将提高至 34%。

8. 风险：热潮消退、竞争对手效仿和增长速度较慢的风险被成熟的概念、温泉盈利能力和在其他地点复制等机会所抵消。

4

业务背景 ②

达特谷的业务量自2011年开业以来增长迅速，超过预期。

➢ 达特谷酒店是一个与众不同的度假胜地。

- 它坐落在南德文郡，俯瞰壮美的达特河谷。在这里，游客们可以领略充满东方风情的客房、美食和水疗服务（见附录A的客房、设施及服务图片）。

- 酒店有17间客房；多数带河谷景观。水疗设施和餐厅均对过夜和日间游客开放，餐厅提供西式和东方精选菜单。

➢ 目的和目标：酒店的主要目标是为游客提供独特而又难忘的体验。2019年前将回头率从21%提升到33%。

➢ 战略：二期扩建后，将重新实施早期"牺牲平均房价以最大限度地提高入住率"的战略。

➢ 资源和关键日期：2012年8月15日，即我们达到100%入住率的第一天，营销资源已被缩减，但在二期项目中将会恢复。

➢ 财务概况：2010—2011年度的重大翻新工程超出预算17%，达特谷的损益表在开业几个月后稳步增长，超过预期。2014年销售额达到25.13万英镑（比计划高17%），营业利润率为18%（计划为14%）。

5

业务市场细分 ②

达特谷的收入主要来自住宿服务，其次是水疗和餐饮，主要来自休闲游客。

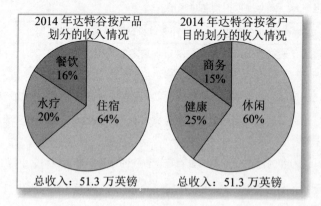

2014年达特谷按产品划分的收入情况

餐饮 16%
水疗 20%
住宿 64%

总收入：51.3万英镑

2014年达特谷按客户目的划分的收入情况

商务 15%
健康 25%
休闲 60%

总收入：51.3万英镑

➢ 进一步的产品/市场细分（例如，来自商务游客的水疗服务收入）将增加不必要的复杂性。

6

执行摘要

1. 二期扩建后，达特谷将成为南德文郡领先的水疗服务提供商，销售额将翻一番，营业利润率将上升。机会足以抵消各项风险。

2. 业务：达特谷自 2011 年开业以来增长迅速，超过预期。

3. **市场需求：根据有关南德文郡旅游市场需求的预测，过夜游客数量将持平，但平均消费上将以 2% ～ 3%/ 年的速度增长。**

4. 行业竞争情况：竞争强度为中到高，主要风险为新进入者效仿或水疗热潮消退。

5. 战略：当前，达特谷在当地水疗服务领域有一个强劲对手——皇宫酒店。二期项目建成后，达特谷将成为区域龙头。

6. 资源：达特谷的战略对资源的影响符合以往的经验，并在控制之中。

7. 账务状况：到 2019 年，销售额将翻一番，超过 100 万英镑，营业利润率将提高至 34%。

8. 风险：热潮消退、竞争对手效仿和增长速度较慢的风险被成熟的概念、温泉盈利能力和在其他地点复制等机会所抵消。

7

市场需求前景　　3

据预测，赴南德文郡旅游的过夜游客数量将持平，但平均消费将以每年 2% ～ 3% 的速度增长。

➤ 2014 年，达特谷在托贝和南哈姆斯区的旅游市场估计为 2.25 亿英镑（见附录 B 的方法）。

➤ 达特河谷更广泛的旅游市场，也就是整个西部的旅游市场，2013 年英国旅游局对其估值为 31 亿英镑。

➤ 主要的长期驱动因素是人均收入增长、多次短期度假倾向、该地区的旅游设施和景点稳步增加和改善。

➤ 预计在未来几年内，这些驱动因素将继续保持积极态势。

➤ 主要短期推动力是金融危机导致的 2009 年的经济衰退，这对国内旅游业起到了提振作用，这就是所谓的"就近度假效应"，但目前又恢复了原状（见附录 B 中的统计数据）。

8

市场需求前景

据预测，赴南德文郡旅游的过夜游客数量将持平，但平均消费将以每年2%～3%的速度增长。（续）

➢ 预计数量将持平，但平均消费将以每年2%～3%的速度增长。（见附录B）

➢ 在未来几年，随着经济逐渐复苏，游客减少消费的倾向将得到扭转，因此大型高级酒店将比中档住宿更受欢迎。

➢ 提供特殊高级或小众设施（如水疗）的酒店也会更受欢迎。

➢ 南德文郡的酒店经营者面临的主要风险是就近度假效应消失，但现在似乎已经渡过了难关，市场进一步萎缩的可能性似乎不大。

9

执行摘要

1. 二期扩建后，达特谷将成为南德文郡领先的水疗服务提供商，销售额将翻一番，营业利润率将上升。机会足以抵消各项风险。

2. 业务：达特谷的业务量自2011年开业以来增长迅速，超过预期。

3. 市场需求：根据有关南德文郡旅游市场需求的预测，过夜游客数量将持平，但平均消费上将以2%～3%/年的速度增长。

> 4. 行业竞争情况：竞争强度为中到高，主要风险为新进入者效仿或水疗热潮消退。

5. 战略：当前，达特谷在当地水疗服务领域有一个强劲对手——皇宫酒店。二期项目建成后，达特谷将成为区域龙头。

6. 资源：达特谷的战略对资源的影响符合以往的经验，并在控制之中。

7. 账务状况：到2019年，销售额将翻一番，超过100万英镑，营业利润率将提高至34%。

8. 风险：热潮消退、竞争对手效仿和增长速度较慢的风险被成熟的概念、温泉盈利能力和在其他地点复制等机会所抵消。

10

行业竞争 竞争对手 4

从豪华度假村到精致民宿，再到普利茅斯的温泉度假村，达特谷酒店面临众多竞争对手。

➢ 竞争对手众多（见附录 C 的服务项目及规模详情），包括：

■ 11 家酒店，7 家在托贝，4 家在南哈姆斯区。多数是四星级，有完善的水疗设施，包括游泳池、水疗池、桑拿和治疗室。

■ 托贝有两家健身俱乐部，提供全套水疗设施。

■ 5 家酒店（其中一家是五星级酒店）和 3 家健身俱乐部，它们提供的水疗设施有限，通常只有一两个治疗室。

■ 普利茅斯有 6 家一流的水疗康乐中心，其中两家特别具有东方风情。

➢ 上述所有都是有力的直接或间接对手，但没有一家具备达特谷酒店和东方温泉浴场的独特之处。

➢ 英国西部乡村 2014 年的床位占用率从 2011 年的 47% 稳步上升至 69%。城镇酒店最高，其次为海边或乡村旅馆、宾馆和民宿。

➢ 2013 年平均达成房费（AAGR）略有提升：

■ 英国乡村酒店：2009 年以来每年上升 1%，达到 86 英镑（资料来源：Hotel Britain 2014, BDO）。

■ 伦敦以外的所有英式酒店：与 2009 年持平，为 69 英镑（请参阅附录 C）。

11

行业竞争 强度 4

竞争激烈程度为中到高，主要风险包括新进入者效仿或水疗热潮减退。

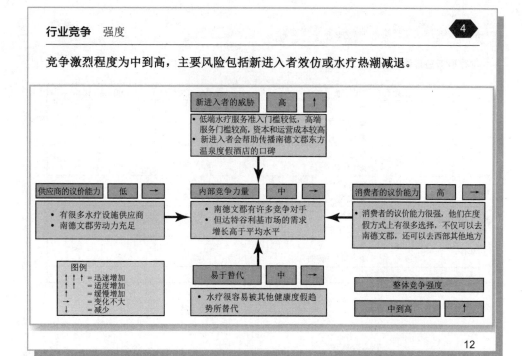

12

执行摘要

1. 二期扩建后，达特谷将成为南德文郡领先的水疗服务提供商，销售额将翻一番，营业利润率将上升。机会足以抵消各项风险。

2. 业务：达特谷的业务量自 2011 年开业以来增长迅速，超过预期。

3. 市场需求：根据有关南德文郡旅游市场需求的预测，过夜游客数量将持平，但平均消费上将以 2% ～ 3%/ 年的速度增长。

4. 行业竞争情况：竞争强度为中到高，主要风险为新进入者效仿或水疗热潮消退。

5. 战略：当前，达特谷在当地水疗服务领域有一个强劲对手——皇宫酒店。二期项目建成后，达特谷将成为区域龙头。

6. 资源：达特谷的战略对资源的影响符合以往的经验，并在控制之中。

7. 账务状况：到 2019 年，销售额将翻一番，超过 100 万英镑，营业利润率将提高至 34%。

8. 风险：热潮消退、竞争对手效仿和增长速度较慢的风险被成熟的概念、温泉盈利能力和在其他地点复制等机会所抵消。

1

战略 客户购买标准（水疗服务） 5

水疗服务主要购买标准有：治疗效果、场地标准和价格

水疗客户购买标准		重要性	变 化
效果	■ 治疗师能力	高	→
	■ 疗效知识	低 / 中	→
	■ 治疗时的自信程度	中	→
效率	■ 投入程度	低 / 中	→
	■ 时间安排	低	→
关系	■ 融洽程度	中	↑
	■ 热情	中 / 高	
服务范围	■ 设施	中 / 高	→
	■ 治疗手法	低 / 中	↑ ↑
场地	■ 洁净、卫生	高	↑
	■ 空间、装饰		
价格		中 / 高	↑

14

战略　关键成功因素（水疗服务）　　⬡**5**

成功的水疗服务提供商拥有技术精湛、经验丰富的理疗师，高质量的场所，积极乐观的文化，以及严格的成本控制。

水疗客户购买标准		重要性	变化	相关的关键成功因素
效果	■ 治疗师能力 ■ 疗效知识 ■ 治疗时的自信程度	高 低 / 中 中	→ → →	● 治疗师技能 ● 资质 ● 过去的成绩
效率	■ 投入程度 ■ 时间安排	低 / 中 低	→ →	● 可用性 ● 职业道德 ● 交付
关系	■ 融洽程度 ■ 热情	中 中 / 高	↑ →	● 人际技巧（沟通交流） ● 积极、乐观的文化
服务范围	■ 设施 ■ 治疗手法	中 / 高 低 / 中	→ ↑ ↑	● 设施种类 ● 疗法种类
场地	■ 洁净、卫生 ■ 空间、装饰	高	↑	● 优质水疗设施
价格		中 / 高	↑	● 成本竞争力

你可以把这页幻灯片放在附录 D 中

15

战略　达特谷的竞争地位 (水疗服务)　　⬡**5**

达特谷已经是皇宫酒店在水疗服务领域的一个强劲对手，二期项目完工后，达特谷将成为当地的行业龙头。

关键成功因素	权重（%）	达特谷	皇宫	Fit4U	Smugglers' Cove	达特谷二期
相对市场份额	15	2	4	3	2	3
成本因素： 管理费用控制、规模	25	3	4	4	1	3.5
管理费用： 营销	10	2	5	4	4	4
差异化因素：						
效果—治疗师的标准	10	5	4	4	5	5
效率—职业道德、交付	5	5	3	4	5	5
关系—沟通、态度	10	5	4	4	5	5
范围—设施、疗法	10	2	5	4	1	4
场地—卫生、装饰、空间	15	5	3	4	5	5
竞争地位	100	3.5	4.0	3.9	3.1	4.1

评分图例：1 = 弱，2 = 可维持，3 = 有利，4 = 强，5 = 非常强；

竞争对手：达特谷酒店和东方温泉浴场，托贝；皇宫酒店和水疗中心，托基；Fit4U 健身俱乐部和水疗中心，托基；Smugglers' Cove 酒店及水疗中心，南汉姆斯。

16

你可以把这页幻灯片放在附录 D 中

战略 达特谷的竞争地位（水疗服务） ⬡5

达特谷已经是皇宫酒店在水疗服务领域的一个强劲对手，二期项目完工后，达特谷将成为当地的行业龙头（续）。

➤ ××××
- ■ ×××
- ■ ×××
- ■ ×××

插入项目符号，说明你对前一张幻灯片中每个关键成功因素的评价，子项目符号包括可作为支撑证据的事实和引述；这些信息来自：
- ■ 管理层；
- ■ 客户和其他访谈；
- ■ 第三方报告或媒体剪报。

这是报告的关键部分，可能需要 2 ～ 4 页幻灯片，每一页都使用相同的结论性标题。
使用同样的幻灯片格式评价其他主要住宿和餐饮企业的竞争地位。

17

战略 达特谷的战略 ⬡5

达特谷酒店将在二期项目中延续了其战略上的成功。

➤ 白手起家的达特谷已成为其利基市场的一个强劲竞争者：
- ■ 为过夜游客提供不同寻常的体验：干净、清爽、舒适的住宿，带有一丝东方气息，游客在住处还能看到达特谷的迷人景色。
- ■ 为用餐者提供传统的欧式菜肴或家常菜，以及精致的东方美食，他们同样能看到达特谷的迷人景色。
- ■ 宽敞、令人放松的环境，高质量的治疗、服务文化、热情——这些因素都是本地领先的竞争对手所不具备的，其弥补了设施方面的欠缺。
- ■ 此外，严格管理日常开支。

➤ 达特谷的入住率表明，它已成为该行业的有力竞争者。
- ■ 在运营的第三年，客房入住率达到 71%，远远高于当地平均水平。

➤ 二期战略的实施将使达特谷成为南德文郡水疗服务的领先供应商，这不是就规模或市场份额而言，而是就竞争地位而言，也就是就盈利能力而言。

➤ 战略风险较低：
- ■ 达特谷将在二期项目中复制一期项目的成功经验。
- ■ 这一迄今为止非常成功的理念在未来 5 年内不太可能过时或失去吸引力。

18

执行摘要

1. 二期扩建后，达特谷将成为南德文郡领先的水疗服务提供商，销售额将翻一番，营业利润率将上升。机会足以抵消各项风险。

2. 业务：达特谷自 2011 年开业以来增长迅速，超过预期。

3. 市场需求：根据有关南德文郡旅游市场需求的预测，过夜游客数量将持平，但平均消费上将以 2%～3%/ 年的速度增长。

4. 行业竞争情况：竞争强度为中到高，主要风险有新进入者效仿或水疗热潮消退。

5. 战略：当前，达特谷在当地水疗服务领域有一个强劲对手——皇宫酒店。二期项目建成后，达特谷将成为区域龙头。

6. 资源：达特谷的战略对资源的影响符合以往的经验，并在控制之中。

7. 账务状况：到 2019 年，销售额将翻一番，超过 100 万英镑，营业利润率将提高至 34%。

8. 风险：热潮消退、竞争对手效仿和增长速度较慢的风险被成熟的概念、温泉盈利能力和在其他地点复制等机会所抵消。

19

资源　　　　　　　　　　　　　　　　　　　　　　　　　6

达特谷的战略对资源的影响符合过去的经验，并在控制之中。

➤ 管理——酒店和水疗服务管理已经得到了验证。
  ■ 相比三年前，迪克和凯现在有了成熟的管理经验（见附录 E 的个人简介）。
  ■ 凭借凯的人脉，我们应该不难找到一位具有东方背景的水疗服务经理。
➤ 营销——总体不变，只是 17 间客房变成了 33 间（见附录 F）。
  ■ 当地和地区广告。
  ■ 参加地区推广活动。
  ■ 淡季有竞争力的价格和其他特别套餐（如婚礼套餐）。
  ■ 与当地其他成功的温泉酒店进行更多的合作，给他们推荐佣金，并为顾客下次入住提供更多样化的选择。
➤ 运营——没有严重问题（见附录 G）。
  ■ 供应、采购、服务提供、IT，预订系统（预订系统在经历了不可避免的初期问题后运行良好）、控制或合规方面不会有问题。
  ■ 已获得规划许可，二期项目将沿用一期项目的建筑承包商。
  ■ 环境、健康和安全系统到位，记录良好（见附录 H）。
➤ 资源风险受控
  ■ 建筑工程延误或成本上升——迪克在他的建筑计划中增加了两个月即总日期10% 的缓冲。
  ■ 业主健康状况——已买保险；即使出现最坏的情况，酒店也非常容易转手。　20

执行摘要

1. 二期扩建后，达特谷将成为南德文郡领先的水疗服务提供商，销售额将翻一番，营业利润率将上升。机会足以抵消各项风险。

2. 业务：达特谷的业务量自 2011 年开业以来增长迅速，超过预期。

3. 市场需求：根据有关南德文郡旅游市场需求的预测，过夜游客数量将持平，但平均消费上将以 2% ～ 3%/ 年的速度增长。

4. 行业竞争情况：竞争强度为中到高，主要风险为新进入者效仿或水疗热潮消退。

5. 战略：当前，达特谷在当地水疗服务领域有一个强劲对手——皇宫酒店。二期项目建成后，达特谷将成为区域龙头。

6. 资源：达特谷的战略对资源的影响符合以往的经验，并在控制之中。

7. 账务状况：到 2019 年，销售额将翻一番，超过 100 万英镑，营业利润率将提高至 34%。

8. 风险：热潮消退、竞争对手效仿和增长速度较慢的风险被成熟的概念、温泉盈利能力和在其他地点复制等机会所抵消。

21

财务和预测 历史数据　　　　　　　　　　　　　　　　　　　**7**

自 2011 年下半年开业以来，达特谷的盈利状况令人满意。

2012—2015 年达特谷损益和主要交易参数

	2012 年（实际）	2013 年（实际）	2014 年（实际）	2015 年（预算）
平均可用房间数 / 间	17	17	17	17
平均达成房费 / 英镑	64.1	69.5	73.9	79.5
平均客户入住率 /%	39.2	55.9	71.4	75.0
收入—住宿	155	240	326	354
—餐饮	45	65	82	87
—水疗	76	92	105	109
—总收入	276	397	513	550
息税折旧摊销前利润	−16	111	194	220
营业利润	−117	10	93	119
营业利润率 /%	−42.4	2.5	18.1	21.6
税前利润	−152	−25	58	84

资料来源：附录 I

22

财务和预测　历史数据　

自 2011 年下半年开业以来，达特谷的盈利状况令人满意。（续）

➢ 2012 年入住率为 39%（超过预测的 25%～30%），此后增长到 71%，2015 年预计达到 75%。

➢ 2012 年以来，AARR 每年小幅上调 7.5%，2015 年预算进一步增长 3%，接近 80 英镑，收入达到 55 万英镑。

➢ 2013 年年初实现营业利润率的盈亏平衡，年底实现底线盈亏平衡，均提前完成计划；2014 年，营业利润率增长到 18%，2015 年应达到 22%。

➢ 在最初获得 50 万英镑的抵押贷款和 55 万英镑的所有者权益融资后，没有再注入现金；2013 年以来，经营性现金一直为正。

➢ 到 2014 年底，所有者权益的账面价值达到 43.1 万英镑，到 2016 年似乎将超过 25.5 万的投资额；这些数字没有考虑购买和装修以后房产价值的提升。

财务和预测　预测　

到 2019 年，达特谷的收入将增长到 100 万英镑以上，营业利润率将达到 34%。

2014—2019 年达特谷损益预测

	2014 年（实际）	2015 年（预算）	2016 年（预测）	2017 年（预测）	2018 年（预测）	2019 年（预测）
平均可用房间数 / 间	17	17	17	33	33	33
平均达成房费 / 英镑	73.9	79.5	79	70	72	74
平均客户入住率 /%	71.4	75.0	75	60	65	71
收入—住宿	326	354	368	506	564	633
—餐饮	82	87	87	135	145	159
—水疗	105	109	109	263	273	284
—总收入	513	550	564	904	982	1076
息税折旧摊销前利润	194	220	214	397	466	546
营业利润	93	119	113	212	281	361
营业利润率 /%	18.1	21.6	20.0	23.5	28.7	33.6
税前利润	58	84	78	107	176	256

资料来源：附录 I

到 2019 年，达特谷的收入将增长到 100 万英镑以上，营业利润率将达到 34%（续）。

➤ 尽管有一些保守的假设，但预计 2014—2019 年，达特谷的收入将翻番。

■ 假设 2016 年新客房投入使用后，平均达成房费下降 10%，入住率下降 20%；考虑到最近几个月客房的入住率，以及今明两年的预订量，这些假设似乎是合理的。

➤ 营业利润率预计将从 2014 年的 18% 上升到 33%，这同样是保守的假设。

■ 假设客房清洁、服务、烹饪和水疗服务员工成本增加一倍，而酒吧、前台、账目或花园的成本不会增加。

■ 计划在 2016 年和 2018 年分别进行一次大规模的营销活动。

■ 假定筹集 100 万英镑的 100% 的债务融资。

➤ 盈利能力的增强反映了收入翻倍的影响，而管理费用基数增加较慢，反映了对现有和二期资产的更有效的利用。

无论有无二期扩建，达特谷都将超越市场。

2014—2019 年达特谷市场相关收入预测

业务部门	收入 /千英镑	市场需求增长 /%/ 年	公司竞争地位 /0 ～ 5 分	预计收入增长 /%/ 年	自上而下的收入 /千英镑	二期获得收入 / 千英镑	总收入 /千英镑
	2014 年	2014-2019 年	2014-2019 年	2014-2019 年	2019 年	2019 年	2019 年
1	2	3	4	5	6	7	8
住宿	326	3% ～ 4%	3.6 ～ 3.9	5%	416	217	633
餐饮	82	2% ～ 3%	3.3 ～ 3.5	3%	95	64	159
水疗	105	4% ～ 5%	3.5 ～ 4.1	7.5%	151	133	284
总计	513			5.2%	662	414	1 076

资料来源：附录 I

财务和预测　预测

无论有无二期扩建，达特谷都将超越市场（续）。

➤ 从市场的角度来看，即使没有第二阶段的扩建计划，达特谷也有能力跑赢市场。

➤ 主要通过两种方式实现：

■ 凭借强大的竞争地位，达特谷的住宿收入增长快于市场。这主要是通过上调房价而不是通过提高入住率来实现的，因为达特谷的入住率已经很高了。

■ 随着达特谷服务范围的不断扩展和知名度的提高，即使在没有二期设施的情况下，也能从对过夜游客和日间游客的水疗服务中获得更多的收入。

➤ 到 2019 年，超过 3/5 的收入将来自现有业务，其余的收入将来自二期项目。

27

财务和预测　预测

二期扩建后，预计达特谷平均每年将产生 30 万英镑的现金收入。

2014—2019 年达特谷现金流预测

	2014 年 （实际）	2015 年 （预算）	2016 年 （预测）	2017 年 （预测）	2018 年 （预测）	2019 年 （预测）
税前利润	58	84	78	107	176	256
折旧	101	101	101	185	185	185
营运现金流	159	185	163	269	324	387
营运资本变动	−9	−3	0	−23	−6	−8
经营业务现金流量	150	182	162	246	318	380
资本支出	−4	−9	−1 045	−2	−10	−5
融资前现金流量	146	173	−883	244	308	375
抵押贷款	0	0	1 000	0	0	0
年度现金盈余	146	173	117	244	308	375
现金盈余（累计）	157	331	448	692	1 000	1 375

资料来源：附录 I

28

财务和预测　预测　　　　　　　　　　　　　　　　　　　　　　7

到 2019 年，达特谷的所有者权益应超过 100 万英镑。

2014—2019 年达特谷资产负债表预测

	2014 年（实际）	2015 年（预算）	2016 年（预测）	2017 年（预测）	2018 年（预测）	2019 年（预测）
流动资产一现金	157	331	448	692	1 000	1 375
流动资产一总额	201	378	496	769	1 084	1 466
资本资产	742	650	1 594	1 412	1 237	1 058
资产总额	943	1 028	2 090	2 181	2 321	2 524
流动负债	12	13	13	19	20	20
长期负债	500	500	1 500	1 500	1 500	1 500
所有者权益	431	515	577	662	801	1 004
负债总额	943	1 028	2 090	2 181	2 321	2 524

资料来源：附录 I

执行摘要

1. 二期扩建后，达特谷将成为南德文郡领先的水疗服务提供商，销售额将翻一番，营业利润率将上升。机会足以抵消各项风险。

2. 业务：达特谷的业务量自 2011 年开业以来增长迅速，超过预期。

3. 市场需求：根据有关南德文郡旅游市场需求的预测，过夜游客数量将持平，但平均消费上将以 2% ～ 3%/ 年的速度增长。

4. 行业竞争情况：竞争强度为中到高，主要风险为新进入者效仿或水疗热潮消退。

5. 战略：当前，达特谷在当地水疗服务领域有一个强劲对手——皇宫酒店。二期项目建成后，达特谷将成为区域龙头。

6. 资源：达特谷的战略对资源的影响符合以往的经验，并在控制之中。

7. 账务状况：到 2019 年，销售额将翻一番，超过 100 万英镑，营业利润率将提高至 34%。

8. 风险：热潮消退、竞争对手效仿和增长速度较慢的风险被成熟的概念、温泉盈利能力和在其他地点复制等机会所抵消。

风险、机会和敏感性　⑧

水疗热潮减退、竞争对手效仿和增长速度较慢的风险被成熟的概念、温泉盈利能力和在其他地点复制等机会所抵消。

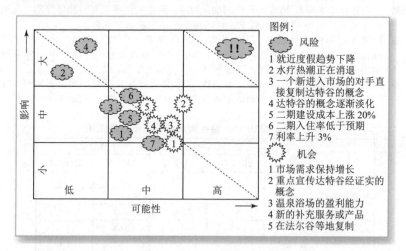

图例：

☁ 风险

1 就近度假趋势下降
2 水疗热潮正在消退
3 一个新进入市场的对手直接复制达特谷的概念
4 达特谷的概念逐渐淡化
5 二期建设成本上涨 20%
6 二期入住率低于预期
7 利率上升 3%

✺ 机会

1 市场需求保持增长
2 重点宣传达特谷经证实的概念
3 温泉浴场的盈利能力
4 新的补充服务或产品
5 在法尔谷等地复制

31

风险、机会和敏感性　⑧

水疗热潮减退、竞争对手效仿和增长速度较慢的风险被成熟的概念、温泉盈利能力和在其他地点复制等机会所抵消（续）。

➤ 最大的风险是入住率的增长比计划中要慢（乌云 6），但是：

■ 2016 年至 2017 年的入住率预测已经考虑了 15% 的下浮空间，从 75% 降至 60%……

■ ……略高于第 2 年的 55%；

■ ……尽管 AARR 预计下降 11%，从 79 英镑降至 70 英镑。

➤ 达特谷不再是初创企业，其概念已经在第一阶段得到证实（太阳 2）。

➤ 其他有利的机会包括：

■ 将达特谷的水疗服务转变为可以独立盈利的部门（太阳 3），而不是为招揽顾客而削本出售的服务。

■ 推出补充服务和产品（太阳 4），比如一日游、运动旅游和芳疗产品。

➤ 最后，还有机会在其他地方复制达特谷的成功（机会 5）。

■ 迪克和凯锁定了一家坐落在康沃尔法尔谷的民宿。民宿是复制达特谷的理想选择。老板计划几年后退休。

■ 即使这笔交易的时机不合适，当时机成熟时，市场上也会有其他选择。

32

风险、机会和敏感性　　　　　　　　　　　　　　　　8

该计划对较低的入住率相当敏感，但这样的入住率可能性非常低。

➢ 我们理解，达特谷是一项高负债的业务，所以我们作了详尽的敏感性测试。

■ 二期建设成本膨胀20%对税前利润（PBT）的影响似乎是有限和可控的。未来，由于较高的折旧／较低的税率，它对现金流的影响微乎其微。

■ 如果入住率低于计划的15%（例如，2017年的入住率为51%，而不是预期的60%），对损益的影响就会大得多。2017年损益表会出现亏损，2019年利润预测将减半。不过，尽管现金流有所减少，但仍为正数。

■ 这种下降的可能性不大。2017年51%的整体入住率意味着二期新客房的入住率仅为23%（商业计划书中预测的入住率为44%），但酒店在2012年运营的第一年就实现了39%的入住率。

2017年和2019年达特谷商业计划书敏感性测试

	税前利润		现金流	
	2017年	2019年	2017年	2019年
商业计划	107	256	244	375
敏感性测试				
建筑成本上升20%	94	243	247	377
入住率下降15%	−6	113	164	273
以上两种情况同时发生	−19	100	167	276

33

结语　　　　　　　　　　　　　　　　　　　9

最后，重现执行摘要标题

二期扩建后，达特谷将成为南德文郡领先的水疗服务提供商，销售额将翻一番，营业利润率将提升。机会足以抵消各项风险。

34

附录

A. 达特谷的客房、设施及服务图片
B. 市场研究和分析
C. 竞争对手、利用率和定价数据
D. 竞争地位数据
E. 管理层简历
F. 营销计划
G. 业务数据
H. 环境、健康和安全数据
I. 财务数据

本书未显示，因为面向读者的商业计划书不必细致到这样的程度

35

附录 E　推荐书目

以下是你接下来要读的 10 本书：

1. *The FT Essential Guide to Developing a Business Strategy: How to Use Strategic Planning to Start Up or Grow Your Business*；作者：沃恩·埃文斯；出版商：FT Publishing；出版时间：2013 年。本书的姊妹篇，带领读者一步一步制定成功的商业战略（本书第 5 章对此作了简要说明）。

2. *25 Need-to-Know Strategy Tools*；作者：沃恩·埃文斯；出版商：FT Publishing；出版时间：2014 年。本书介绍了商业战略师囊中的 25 个顶级法宝，每一个都配有生动的插图和切合主题的案例研究。

3. *Backing U!: A Business-Oriented Guide to Backing Your Passion and Achieving Career Success*；作者：沃恩·埃文斯；出版商：Business and Careers Press；出版时间：2009 年。本书教你如何将商业分析工具用于你自己的职业发展或应对变革，包括创立你自己的公司。

4. *Stand, Speak, Deliver! 37 Short Speeches on How to Survive - and Thrive- in Public Speaking and Presenting*；作者：沃恩·埃文斯；出版商：利特尔 & 布朗出版社；出版时间：2016 年。37 篇简洁有力、生动活泼的演讲，涵盖了演讲艺术最重要的方面。这些技巧可以用来推销你的商业计划书（见本书第 10 章）。

5. *Uncommon Sense, Common Nonsense: Why Some Organizations Consistently Outperform Others*；作者：朱尔斯·戈达德（Jules Goddard）和托尼·埃克尔斯（Tony Eccles）；出版商：Profile；出版时间：2012 年。最具可读性和启发性的战略书籍之一（例如，宝马在 Mini 中发现的以前的车主没有发现的东西是什么？）

6. *Contemporary Strategy Analysis*；作者：罗伯特·M. 格兰特（Robert M. Grant）；出版商：布莱克威尔出版公司；出版时间：2012 年。20 世纪 80 年代以来有关战略分析最权威的书籍，商科学生的宝典。

7. *The New Business Road Test: What Entrepreneurs and Executives Should Do Before Writing a Business Plan*；作者：约翰·穆林斯（John Mullins）；出版商：FT Prentice Hall；出版时间：2010 年。针对初创企业的实用战略建议。

8. *Value Proposition Design: How to Create Products and Services Customers Want*；作者：亚历山大·奥斯特瓦德（Alexander Osterwalder）和伊夫·皮尼厄（Yves Pigneur）；出版商：约翰·威利父子出版集团；出版时间：2014 年。《商业模式新生代》（*Business Model Generation*）一书的作者再次分享新鲜有趣、直观易懂、充满创意的营商之道。

9. *How to Start a Creative Business: The Jargon-free Guide for Creative Entrepreneurs*；作者：道格·理查德；出版商：David & Charles；出版时间：2013 年。一群资深企业家手把手教你如何创业、如何避坑。

10. *The Financial Times Guide to Business Start Up 2016*；作者：萨拉·威廉姆斯（Sara Williams）；出版商：FT Publishing；出版时间：2015 年。每年更新的全面指南，提供有关创业的实用建议。

译者后记

  翻译这本书的时候正值新冠肺炎疫情，意外地有了大段的时间去思考和打磨。这是我翻译的第 11 本书，作为译者，我从中收获良多。

  其实我心中一直有一个创业梦想，所以，未来的某一天，我一定会再次打开这本书，以读者和学习者的身份，细细地再读一遍，或者好多遍。

  感谢清华大学出版社的老朋友刘洋先生和宋亚敏女士。

  还要谢谢亲爱的冯薯，她让我不断努力，让我成为更好的妈妈和译者。

刘 怡

2021 年于昆明